《中国盐业发展报告》编写组

ZHONGGUO
YANYE FAZHAN BAOGAO 2015

中国盐业发展报告 2015

经济管理出版社
ECONOMY & MANAGEMENT PUBLISHING HOUSE

图书在版编目（CIP）数据

中国盐业发展报告 2015/《中国盐业发展报告》编写组. —北京：经济管理出版社，2016.1
ISBN 978-7-5096-4235-1

Ⅰ.①中… Ⅱ.①中… Ⅲ.①制盐工业—研究报告—中国—2015 Ⅳ.①F426.8

中国版本图书馆 CIP 数据核字（2016）第 022578 号

组稿编辑：魏晨红
责任编辑：魏晨红
责任印制：黄章平
责任校对：超　凡

出版发行：经济管理出版社
　　　　　（北京市海淀区北蜂窝 8 号中雅大厦 A 座 11 层　100038）
网　　址：www. E-mp. com. cn
电　　话：(010) 51915602
印　　刷：精美采色印刷有限公司
经　　销：新华书店
开　　本：720mm×1000mm/16
印　　张：9.75
字　　数：104 千字
版　　次：2016 年 1 月第 1 版　2016 年 1 月第 1 次印刷
书　　号：ISBN 978-7-5096-4235-1
定　　价：88.00 元

前　言

《中国盐业发展报告》是中国盐业综合性研究年刊，每年定期以公开出版物的方式向社会公开发布。

《中国盐业发展报告2015》（以下简称《报告》），是中国盐业发布的第二期产业发展报告。《报告》反映了行业最新进展及面临的问题和对策建议。《报告》对当前我国盐业的产能快速增加带来的产业结构总体运营情况变化格局进行了系统的回顾与分析；对盐业的生产现状、产业布局及进出口形势进行了分析与总结；对行业发展过程中的制约因素、国内外竞争要素、产能过剩等问题进行了剖析；探讨了食盐专营体制改革对行业的影响；对未来全国盐业的产销形势、存在的结构性矛盾进行了初步的研判；对下游两碱行业的发展趋势进行了预测。

《报告》中大量数据来源于国家统计局、海关以及中国盐业总公司编制的统计年报，其丰富的数据和图表具有较强的时效性、科研性、学术性，观点也具有较强的指导性。《报告》对盐行业的管理体制、行业特点、相关政策进行了系统的介绍，对盐行业的运行环境、上下游行业产品市场态势进行了分析论证，全面准确地反映了我国盐行业的现状和发展前景，是了解中国盐业发展整体状况的重要途径。

Preface

China's Salt Industry Development Report is a comprehensive study annual of Chinese salt industry, to the social public release every year regularly in public publications way.

China's Salt Industry Development Report 2015 (hereinafter referred to as the "Report"), is the second phase of the industry development report released by the China national salt industry. The report reflects the latest development, problems and suggestions of China's salt industry. It gives an overall review and analysis of the operating situation of the salt industry in China, and the industrial structure pattern caused by the rapidly increasing capacity of salt industry. The production situation of salt industry, industrial layout and the import and export situation was analyzed and summarized. The report investigates the restrictive factors in the process of salt industry development, and excess capacity problems of the competition factors at home and abroad; meanwhile, discusses the influence on salt in system reform. It studies the future production and marketing situation, the existence of structural contradictions of the national salt industry preliminarily, and forecasts the trend of two alkali industry downstream.

The large number of data in the report comes from statistics annual report compiled by the national bureau of statistics, the customs and the China national salt industry corporation. The data and charts has strong Effectiveness, scientific research, academic, and its views also has strong guidance. Its ystematically introduces the system, characteristics and the relevant policy of salt industry. The running environment of salt industry, the situation of product marketing in upstream and downstream industry, are analyzed. The China Salt industry Development Report 2015 is an important way to understand the overall situation of China's salt industry development, which reflects the present situation and development prospects of the salt industry in China comprehensively and truly.

目 录

Catalog

第一章 概　述

　　盐业是我国的传统产业。随着中国经济发展进入新常态及"互联网+"时代的到来，盐业正面临着历史性的产业变革。由此激发出盐业行业广大干部职工更大的创新精神，盐业将重构新的行业体系，从原料资源、科技研发、生产制造、流通服务、形象责任等多方面推动行业的变革。一个与社会发展要求相匹配、与国际产业规律相适应的盐业新形态正在萌动、成型中。中国盐业必将从传统走向现代、从现代奔向未来，这是不以人们意志为转移的、挡不住的大趋势。

　　盐是资源性产品，依赖资源禀赋生存和发展，具有重要的生活资料和生产资料的双重特性。盐既是人类不可替代的营养补充，又是化工生产的基本原料。盐业发展在国民经济中占有重要的地位。随着社会的发展和科技水平的提升，盐的用途将更加广泛，在国计民生中的作用将越来越重要。

一、年度运行情况

2014 年，我国盐产业总体运行平稳，局部地区偶有供应不均衡现象。原盐产量增幅大于需求增幅，各类盐库存增加，制盐企业开工率为 85%。盐业置身于国民经济的整体大环境中，受到上下游相关产业链的制衡牵连，与大部分产业出现产能过剩、效益不佳，需要调整结构，促进发展的产业方向一致。全年工业盐价格呈现整体下降趋势，企业效益显著下滑，亏损面较 2013 年有所扩大。全年进口盐总量与 2013 年基本持平，仍然居历史进口量高位，达到 742 万吨，挤压了国内制盐企业产能的发挥。制盐能力已经出现严重过剩迹象。

2014 年，我国食盐市场供应平稳有序，盐业主管部门按照国家食盐供应和运输计划指导企业圆满保证了加碘盐和各类食盐的均衡供应。根据市场的需求，制盐企业开发了各类品种盐和非加碘盐供应市场，满足了市场不同层次需求，同时也培育了企业效益增长的途径。

2014 年，我国的原盐消费量为 8,789 万吨，年末库存达到 2,359 万吨，高于正常年景库存的 20% 左右。其中，工业盐的消费增速依然缓慢，在近年的原盐消费中，工业盐的比重占 75% 以上。

制盐企业的经济效益基本由工业盐的价格决定。

　　2014 年，盐业全行业的营业收入为 897.64 亿元，比 2013 年增长了 11.01%；利润总额 56.91 亿元，比 2013 年减少了 6.21%。盐业企业在国内经济下行压力、国外进口盐严重冲击的不利条件下，加强管理、苦练内功。盐业体制改革的目标和时限尚不明朗，市场出现了假冒伪劣食盐扰乱正常计划供应的现象，但盐业管理部门和盐业经营单位按照食盐的专营要求，加强市场监管，维护消费者利益，保障食盐的主渠道供应，保证价格的稳定，承担起企业的社会责任。

二、2000 年以来生产和需求结构发生了显著变化

1. 原盐生产结构发生明显变化

　　1999~2014 年，原盐生产结构发生了明显变化，井矿盐的产量从 1999 年的 812.97 万吨增加到 2014 年的 4,822.79 万吨。2013 年，井矿盐占比达到近年来的最高，为 54.58%。海盐产量占比逐年减弱，从 1999 年的 65.78% 减少到 2014 年的 33.60%。如表 1–1、图 1–1、图 1–2 所示。

表 1–1 1999 年至 2015 年 1~9 月原盐分类产量

单位：万吨

时　间	合　计	海　盐	井矿盐	湖　盐
1999	3,116.60	2,050.17	812.97	253.46
2000	3,518.08	2,364.35	890.35	263.38
2001	3,454.75	2,206.74	960.61	287.40
2002	3,958.58	2,598.30	1,079.20	281.08
2003	3,653.63	2,204.64	1,178.46	270.53
2004	4,133.47	2,347.76	1,420.88	364.83
2005	5,191.75	2,814.12	1,918.07	459.56
2006	5,655.66	3,117.90	2,049.75	488.01
2007	6,211.41	3,203.77	2,414.13	593.51
2008	6,617.07	3,126.99	2,875.12	614.96
2009	7,137.63	3,500.45	3,044.20	592.98
2010	7,539.96	3,286.63	3,300.29	953.04
2011	7,737.95	3,322.42	3,497.35	918.18
2012	8,051.64	2,986.42	4,122.17	943.05
2013	8,421.45	2,681.13	4,596.33	1,143.99
2014	9,182.04	3,085.30	4,822.79	1,273.95
2015（1~9）	7,710.00	2,900.00	3,800.00	1,010.00

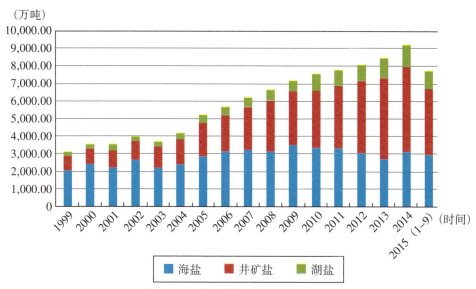

图 1-1　1999 年至 2015 年 1~9 月海盐、井矿盐、湖盐产量比例

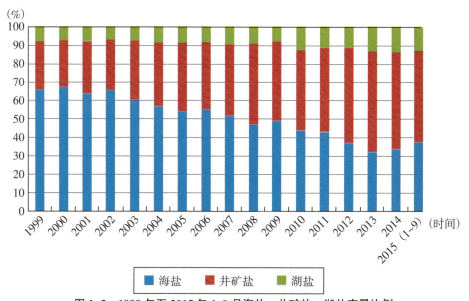

图 1-2　1999 年至 2015 年 1~9 月海盐、井矿盐、湖盐产量比例

2. 盐的需求平稳增长

1999~2014 年，盐消费需求的年均增长率为 7.84%。其中，食用盐年均增长率为 3.28%，两碱工业盐年均增长率为 9.06%，小工业盐年均增长率为 6.17%。如图 1-3 所示。

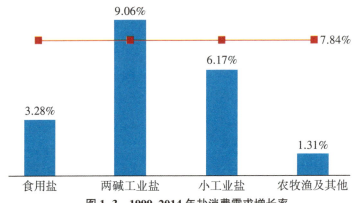

图 1-3　1999~2014 年盐消费需求增长率

3. 产业链延伸产品产量增速较快

两碱产量持续增长，从 1999 年以来的数据看，两碱产量增速除 2002 年、2005 年、2009 年、2013 年、2014 年外均高于原盐产量的增速。如图 1-4 所示。

图1-4　1999年至2015年1~9月原盐产量与两碱产量及同比增长

三、当前面临的主要挑战

1. 产能高速增长与消费增长缓慢的矛盾

产能过剩是当前中国经济发展的症结，由于产能增长较快，市场需求相对缓慢，产能过剩现象相当严重，导致库存积压和企业效益不佳。如图1-5所示。

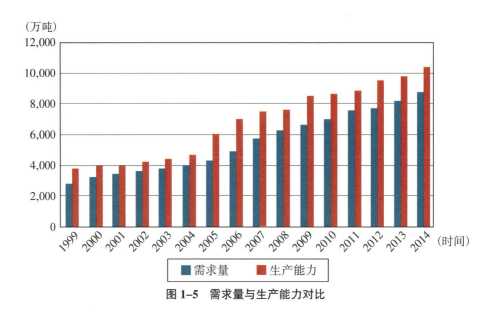

图 1–5　需求量与生产能力对比

2. 食盐管理体制改革的挑战

食盐专营有悠久的历史渊源，专营制度对稳定盐业有序发展，特别是保障食品安全和消费者健康方面起到了重要的作用。随着我国经济体制改革的深化，食盐管理体制改革也在逐步推进。

传统的计划管理与市场开放将会发生冲突，如何保障食用盐的安全、化解产能过剩、实现盐业的有序发展是行业管理者面临的新挑战。

3. 新兴企业与老牌国企争夺资源和市场

在现有的盐业企业中，国有企业比重大，在资源占有方面有很大优势，但历史负担重。近年来，在市场经济的大环境下，民营企业及混合所有制企业快速增长，这些企业负担轻，管理机制灵活，对盐业资源的争夺和市场的竞争更趋激烈。

4. 国产盐与进口盐的冲突

近年来，进口盐数量不断增长，对国产盐市场造成了冲击。2013 年进口盐达到 764.54 万吨，是近年来进口量的最高点。随着市场的进一步开放，进口盐对国产盐的冲击将进一步增大。如何应对进口盐的冲击与挑战，成为行业能否稳健发展的重要因素。

第二章 生 产

一、井矿盐

近年来，我国井矿盐生产规模不断扩大，工艺技术装备水平显著提升，产量呈大幅度增长趋势。1999 年，全国井矿盐产量为812.97 万吨，2005 年激增到 1,918.07 万吨。2009 年，全国井矿盐产量突破 3,000 万吨大关，达到了 3,044.20 万吨，2014 年达到4,822.79 万吨。2015 年，虽然因市场因素，各井矿盐企业的设备开工率不足。但统计数据显示，2015 年 1~9 月的井矿盐产量已经接近 4,000 万吨，突破了 2014 年的同期产量，再创历史新高。如图 2-1 所示。

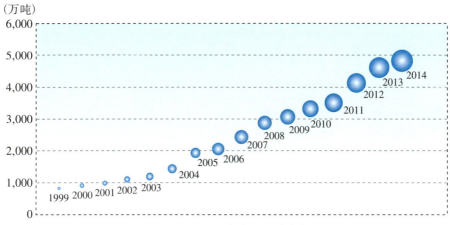

图 2-1　1999~2014 年全国井矿盐产量

2014 年，受宏观经济形势影响，下游两碱企业对盐的消费量增长乏力，而井矿盐生产企业产能继续稳步增长，产量较 2013 年有所增长，库存量也是近年的高位。井矿盐企业的设备开工率维持在 80% 左右，虽然不同区域存在一些差异，但是总体的产能过剩凸显。受产品供求关系变化影响，井矿盐企业生产的工业盐产品销售价格大幅下降，导致销售收入减少，利润大幅下滑，企业经营困难加剧。

1. 井矿盐生产总量稳中有升，但增幅下滑较快

2014 年，全国井矿盐产量为 4,822.79 万吨，比 2013 年的 4,596.33 万吨增长了 4.93%，与 2013 年 11.5% 的增长率相比，下降了 6.57 个百分点。2014 年，井矿盐产量占全国原盐产量 9,182.05 万吨的 52.53%，继续保持原盐生产的主导地位，但比 2013 年下降了 2.06 个百分点。如图 2-2 所示。

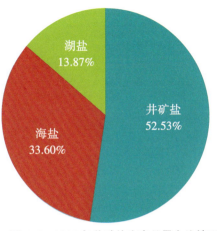

图 2-2　2014 年井矿盐生产总量占比情况

　　从各省生产总量来看，2014 年江苏省以 1,458.14 万吨的总生产量，继续保持全国井矿盐生产量第一的地位，同比下降 1.76%，占全国井矿盐生产总量的 30.23%，比 2013 年的 32.28% 下降了 2.05 个百分点。湖北省以 623.57 万吨的总量继续排名第二，同比增长 1.1%，占全国井矿盐生产总量的 12.93%，比 2013 年的 13.41% 下降 0.48 个百分点。山东省以 428.94 万吨的井矿盐生产总量，超越河南省、江西省、四川省名列第三位，同比增长 41.27%，占全国井矿盐生产总量的 8.89%，比 2013 年的 6.60% 上升了 2.29 个百分点。作为海盐产销大省，近年来，山东省的井矿盐产量持续大幅增长，在我国井矿盐生产中所占比重越来越大。如图 2-3 所示。

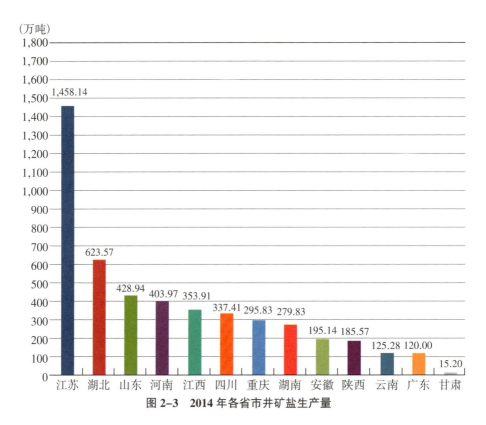

图 2-3　2014 年各省市井矿盐生产量

　　从增长幅度来看，陕西省以 91.45% 的增长幅度在全国井矿盐中排名第一，山东省以 41.27% 的增长幅度排名第二。下降幅度最大的是四川省，下降了 10.75%，其次是云南省，下降了 3.53%。

　　2014 年，生产量前 10 家井矿盐企业共生产原盐 2,111.31 万吨，比 2013 年生产量前 10 家企业生产量 2,048.12 万吨增长了 3.09%。平均生产量为 211.13 万吨，同比增加了 6.32 万吨，平均生产量增长 3.09%，比 2013 年平均增长 4.74% 下降了 1.57 个百分点。

　　2014 年，井矿盐生产量前 10 家制盐企业生产总量占全国井矿盐产量的 43.78%，比 2013 年的 44.56%下降了 0.78 个百分点。如图 2-4 所示。

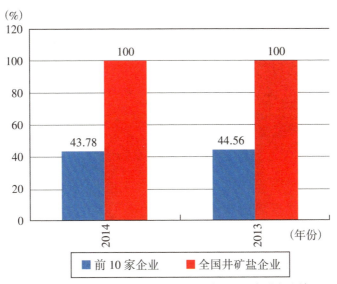

图 2-4　2014 年生产量最大的 10 家井矿盐企业产量占比情况

2. 液体盐产销继续保持较好增长势头，但增长幅度收窄

2014 年，全国产液体盐 807.57 万吨（折原盐，下同），占井矿盐比重的 16.74%，比 2013 年所占的比重 16.03%增加了 0.71 个百分点。与 2013 年全国液体盐产量 736.91 万吨相比，增长了 9.59%。但与 2013 年 16.21%的增长幅度相比，下滑幅度较大，主要原因是下游两碱企业需求乏力。

2014 年，江苏省液体盐总量 425.1 万吨，继续位居全国第一，占全国液体盐产销量的 52.64%；排名第二的是广东省，总量为 120 万吨；排名第三的是山东省，总量为 95.68 万吨。如图 2-5 所示。

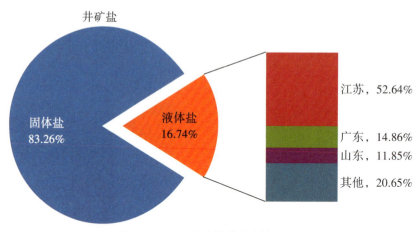

图 2-5　2014 年液体盐生产情况

3. 企业数量下降，产能稳步增长

截至 2014 年底，传统井矿盐区生产企业共 50 家，比 2013 年减少了 2 家。

2014 年，我国井矿盐产能继续扩大，总量达到 4,738 万吨（不含液体盐产能），比 2013 年的 4,450 万吨增长了 6.48%。井矿盐产能增长量较大的是江苏省、山东省、湖南省、湖北省，增量最大的江苏省，2014 年产能增加 125 万吨。产能增幅最大的是山东省，达到 43.48%。山东省近几年产能、产量大幅增加，未来几年将会对东中部地区井矿盐市场和井矿盐产销产生较大影响。

4. 井矿盐产品质量继续保持稳定

2014 年，井矿盐产品质量继续保持稳定提高的态势，装备水平的提高有利于产品质量的稳定提升。2014 年，传统井矿盐生产区（包括重庆、四川、云南、湖北、湖南、江西、安徽、河南）

产品氯化钠平均含量 99.40%，比 2013 年的 99.38%略有提高。精制干盐水分含量平均在 0.05%左右，水不溶物含量低于 0.01%，可溶性杂质一般低于 0.50%。产品质量明显优于海盐、湖盐。成品盐白度平均为 83.9 度，基本与 2013 年持平。

5. 销售收入总体下降

2014 年，井矿盐生产企业销售收入为 1,716,500 万元（包括传统井矿盐生产区及江苏、陕西、甘肃等省，不包括山东省，下同），比 2013 年的 1,784,389 万元下降了 3.8%，与 2013 年 18.15%的增长幅度相比，下降了 21.95 个百分点。其中，井矿盐生产企业中，盐主业的销售收入 1,412,079 万元，占总收入的 82.27%。

井矿盐生产企业的营业收入占全国盐业生产企业的 45.38%，比 2013 年的 47.22%下降了 1.84 个百分点。

2014 年，江苏省生产企业以 528,974 万元的销售收入继续保持第一的地位，占井矿盐生产企业销售收入总额的 30.82%，比 2013 年增加了 4.53 个百分点，占全国盐业生产企业销售收入的 13.99%。

2014 年，江苏省井矿盐生产企业的销售收入同比增长了 12.75%，这与传统井矿盐生产区同比平均下降 10.74%相比，形成了强烈对比。进一步分析可知，江苏省生产企业盐主营销售收入只占总销售收入的 68.03%，在全国井矿盐生产省份中比例最低，说明江苏省盐业生产企业转型发展较其他地区井矿盐生产企业为快。

6. 资产负债率有所下降，部分企业仍处于较高位置

2014 年末井矿盐生产企业总资产 4,213,178 万元，比 2013 年的 3,978,386 万元增长了 5.9%；总负债为 2,645,659 万元，比 2013 年的 2,603,619 万元增长了 1.61%；资产负债率平均为 62.79%，比 2013 年的 65.44%下降了 2.65 个百分点，但仍高于国务院国有资产监督管理委员会《企业绩效评价标准值 2014——采盐业》认定的一般值（60%）。

资产负债率最高的仍为甘肃省的生产企业，为 86.40%，比 2013 年的 87.52%下降了 1.12 个百分点；第二位仍为重庆市，资产负债率为 74.31%，但比 2013 年的 82.95%下降了 8.64 个百分点；第三位为湖北省，资产负债率为 73%。

资产负债率最低的仍为湖南省，为 43.09%，与 2013 年的 43.08%基本持平；其次为安徽省，资产负债率为 43.97%，比 2013 年的 52.92%下降了 8.95 个百分点；第三位为四川省，资产负债率为 58.41%，比 2013 年的 63.98%下降了 5.57 个百分点。如图 2-6 所示。

2014 年末生产量前 10 家企业的总资产为 1,682,094 万元，占全国井矿盐企业的 39.92%，总负债为 1,080,188 万元，占全国井矿盐企业总负债的 40.83%。10 家企业平均资产负债率为 64.22%，介于《企业绩效评价标准值 2014——采盐业》认定的一般值（60%）与较低值（70%）之间。

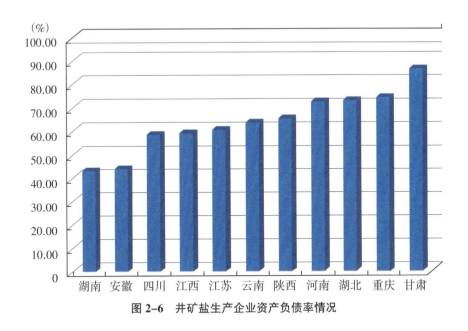

图 2-6　井矿盐生产企业资产负债率情况

7. 盈利能力大幅下降

（1）井矿盐生产企业盈利能力近几年呈持续下滑趋势。2014年，井矿盐生产企业利润总额为 60,504 万元，同比下降 14.58%，占全国原盐生产企业利润总额的 20%。这从一个侧面也反映出，全国盐行业虽然产能、产量增加，但销售收入却减少，利润总额大幅下降。特别是从 2010 年以来，井矿盐生产量持续增加，节能降耗成效显著，但利润总额却连续大幅下降，反映出井矿盐生产企业近几年受经营环境影响，效益下滑严重。如图 2-7 所示。

（2）大型井矿盐企业盈利能力占据井矿盐行业主导地位，但同比下降幅度较大。2014 年，生产量前 10 家企业实现利润总额共53,480 万元，占全国井矿盐生产企业利润总额的 88.39%。其中，

图 2-7　2010~2014 年井矿盐生产企业利润总额变化情况

9 家盈利，1 家亏损。这 10 家企业利润总额的总和与自身 2013 年的 66,394 万元相比，下降了 19.45%。说明大企业盈利能力占据主导地位，同时，也反映出其他井矿盐生产企业经营困难。但与 2013 年同期相比，大企业的利润总额大幅下降。

8. 企业内部改革加快，联合重组呈扩大趋势

2014 年，井矿盐企业总体效益下滑幅度较大，企业为了生存与发展，通过加强对市场变化的研究，强化内部管理，加大产品研究，调整产品结构，加强技术改造等手段来积极应对挑战。

井矿盐与相关企业联合重组呈扩大趋势，一些企业以资产为纽带，通过资产股权转让等方式实行联合重组，增强竞争优势。

还有一些企业尝试委托管理的方式与两碱生产企业进行合作的新模式（在不改变产权所有权性质的情况下，两碱生产企业将新建的制盐生产线委托制盐企业管理），形成联合互保的战略合作机制，发挥了双方的优势。

二、海　盐

1. 产量较 2013 年略有增长，销售价格持续走低，企业效益受到严重影响

2014 年，全国海盐产量为 3,085.30 万吨，占全部原盐产量的 33.59%，比井矿盐产量少 1,737.49 万吨，原盐生产占比为第二位。如图 2-8 所示。

图 2-8　1999~2014 年全国海盐产量

在我国近年的原盐消费中，工业盐的比重占 75%。由于海盐 2013 年的库存消化殆尽，气象条件尚不明朗，2014 年初，化工企业为保持原料盐一定量的存储，开始大规模采购原盐，原盐的含税价格一度维持在 130~150 元/吨。到第二季度中期，海盐开始春季扒盐，市场的供应量大幅增加，化工企业开始了新的采购策略，制盐企业竞相压价，除海盐外，井矿盐企业也加入了竞争行列。各类原盐的出厂价格一路下滑，呈现出近 10 年来的最低水平。制盐行业严重的产大于销导致了企业的经济效益呈现出负增长趋势，半数以上的制盐企业处于亏损状态，亏损面比 2013 年增加了 23%，亏损额增加了 30%。2014 年，进口原盐依然维持在 742 万吨，仍是历史以来的高位。国际航运近年持续低迷，运费在低位运行，降低了大宗货物的贸易成本，有助于与国内产品的竞争。原盐的生产成本一般占商品送达价格的 40%~50%，运输费用是大吨位物资的主要成本构成要素。国际贸易中原盐的大规模流动性突起也是基于航运持续性的不景气带来的现象，原本在我国具有传统优势的原盐生产，遭到了来自国际贸易的打压，更加重了国内制盐企业的困境。全年出口原盐 148 万吨，比 2013 年略有减少，出口盐价格也同样受到严重抑制。

2014 年，我国海盐产量为 3,085.30 万吨，比 2013 年增产 404.17 万吨，增长幅度为 15.01%。海盐产量占全部原盐产量的比重由 2013 年的 31.85% 上升到 33.59%。全年海盐产量的绝对数量和相对比重均有所提升，主要原因是 2014 年的气象条件对海盐生产极为有利。进入第二季度后，北方沿海的蒸发量比 2013 年大幅度增加，平均增幅为 10%~15%，为露天生产创造了有利的气象条件。

2. 南北方原盐生产存在差异，北方成为海盐生产的绝对主力

我国海盐生产具有明显的地域特征，沿海 10 个省份具备海盐生产的滩涂条件，其中浙江、福建、广东、广西、海南历来称为南方海盐区。南方海盐区的特点是降雨量较大，蒸发量较小，沿海的滩涂面积多集中在城镇或具备开发条件的城市周边，盐田面积集中，走水路线单一；北方海盐区分布在黄海、渤海区域，主要有辽宁、山东、河北、天津和江苏等省。北方海盐区的主要特征是降水量比南方小，沿海滩涂面积广阔，适于盐田布局，蒸发量大于南方海盐区且降雨集中，蒸发量是南方海盐区的 200% 以上，盐田面积集中，规模大。基于气象条件和滩涂利用率的差异，我国形成了南方海盐和北方海盐不同的生产工艺。南方海盐是短期结晶法生产，常年生产，随时结晶随时收盐；而北方海盐生产则是春季纳潮，常年制卤，长期结晶，春秋两季收盐。由于南方和北方不同气象条件和滩涂条件形成的海盐生产工艺造成了海盐产量的巨大差异。2014 年，全国海盐产量 3,085.30 万吨，其中南方海盐区的产量只有 61.26 万吨，占全部海盐产量的 1.59%。南方海盐区呈盐田面积逐年减少、产量和生产能力逐年下降的趋势。特别是广西壮族自治区的海盐生产成本居高不下，滩涂面积靠近城镇和市区，沿海滩涂用于开发的利益大于海盐生产的效益，各地政府为获得土地收益，不断收储盐田作为政府土地储备资源。广西壮族自治区 2014 年的海盐产量大幅减产，萎缩至 0.57 万吨。

为完成国家的食盐计划，广西壮族自治区采取了"委托加工"生产食盐的方式，采用湖南省的井矿盐作为食盐原料。加上运输费用，食盐的成本也低于本地生产成本的 30%~40%。

北方海盐区的主要产区是山东省，山东省 2014 年的海盐产量达到了 2,316.59 万吨，占北方海盐产量的 76.58%，占全国海盐产量的 75.07%。山东省海盐生产的优势有两点：一是具有丰富的浅层地下卤水资源分布在莱州湾畔，浅层地下卤水埋藏深度 30~100 米，易于开采，浓度为 8~9 波美度，比海水的含盐量高出 2~3 倍。浅层地下卤水用于制盐，节约了制卤工艺流程，提高了盐田面积的使用效率，减低了海盐生产成本。二是山东的沿海滩涂资源丰富，可大面积用于开发盐田。山东省得天独厚的海盐生产优势还会得到持续发展。

3. 海盐生产受到气象因素影响，产量波动幅度较大

2014 年，我国沿海地区受到了 5 次较大规模的台风袭击，主要有海贝思、威尔逊、麦德姆、海鸥和凤凰，分别于春季、夏季、秋季在福建、广东、江苏、山东、海南等沿海地区登陆，台风带来了强降雨，给海盐生产造成了不利影响。各制盐企业根据多年的经验，全力组织灾后自救，把损失降到了最低限度。未受台风影响的海盐产区，与 2013 年同期相比，山东潍坊、河北唐山和沧州地区的蒸发量普遍高出 5%~8%，当地农民称之为"干旱寡雨"的年景。这样的气象对海盐生产是极有利的条件，对当年的海盐增产起到了决定性作用。

海盐生产是露天作业，靠天吃饭，多依赖天气变化。按照传统的国民经济行业分类，盐业包括海盐被整体纳入了工业范畴。但海盐生产的特征更接近农业，海盐生产的丰歉程度 70% 取决于气象因素。长期以来，为应对降雨对海盐生产的影响，我国海盐企业发明了"塑料苫盖"技术。在结晶区利用塑料和浮卷机把降雨的淡水与较高浓度的卤水隔绝，减少对结晶区卤水的稀释。通过设计单独的淡水排除线路保持了结晶区卤水的浓度。这一技术的使用提高了海盐生产抗降水的能力，起到了提高产量的作用。近年来塑料苫盖技术在海盐区得到推广，2014 年我国海盐区的塑料苫盖面积达到了 2.5 万公顷。

4. 发展盐化工产业，实现了资源综合利用

海盐生产的主要工艺步骤是纳潮、制卤、结晶三大环节，海水结晶析出氯化钠以后剩余的部分称为苦卤。苦卤中含有镁、钾、溴等多种元素，如果直接排入大海会对海洋造成污染。如果能够提取苦卤中的有效成分则会在较少污染排放的同时增加企业的新产品，创造更多的经济效益。我国海盐区对苦卤的综合利用得到了国家政策的扶持，盐化工产业形成了初步的经济规模。特别是工业溴的产量已经进入世界前 4 位。在国内 95% 以上的工业溴产量是海盐企业利用制盐后的母液产出，成为海盐企业主要的盐化工产品。工业溴除在医药、印染等方面的应用以外，在阻燃剂和衍生的系列产品方面也具有广泛的发展前景。海盐企业经与客户共同合作，不断开发，形成了溴的系列产品体系，改变了过去传

统小作坊式的生产运输方式，自动化的集成控制和大型槽罐车对接用户代替了小罐子包装，山东省和天津市的海盐企业，成为了我国工业溴的生产基地。2014 年，我国的工业溴产量达到了 18.19 万吨，比 2013 年增加了 5.2 万吨。

5. 新技术的应用改变了海盐的传统生产模式

信息化技术的应用改变了传统海盐的生产模式，为古老的盐业带来了新的生机。山东鲁北盐场尝试着利用信息化技术手段通过采集卤水在结晶过程的各类相关数据，整合在同一的平台上，通过综合卤水浓度、蒸发量、风力、降水、风向、气温等生产要素信息，实现了对各个生产环节的自动调控。这是海盐生产的一场革命，由原来的全部人工操作，人海战术，实现了物联网的远程精准操控。节约了大量的人力物力，提高了生产效率，减少了人力成本，促进了企业生产经营观念的更新，为古老的盐业带来了新的发展思路。

6. 盐田面积大幅减少，努力提高单位产量

我国海盐生产的盐田面积逐年递减，城市建设需要开发大片土地。国家对征用土地有严格的红线控制规定，所以占地的首选就是海盐的盐田。海盐生产的两大要素：一是盐田，二是天气。气象是不可人为调控的，所以盐田面积的大幅度减少是导致海盐产量下降的主要原因。天津地区的传统两大海盐企业——塘沽盐场和汉沽盐场，10 年来盐田面积从 350 平方公里，减少到了 150 平方公里。盐田面积减少了 1.3 倍，但原盐生产能力只减少了

60%，主要依靠提高单产面积的手段来维持企业生产。江苏省连云港地区大面积开发沿海滩涂，原盐生产面积减少了80%；海南省的盐场已经由国家实行了土地收储；广西壮族自治区的海盐由于生产成本奇高，大部分盐场已经转产。南方海盐今后的趋势是继续大幅度萎缩，3~5 年内将全面停产。

7. 福建省政府出台史上最严盐田保护措施，福建盐业顺势调整盐业发展战略

福建省地处我国东南沿海，大陆海岸线长度 3,752 公里，居全国之首，是我国南方海盐的主要产区，莆田市莆田盐场、泉州市泉港区的山腰盐场、惠安县埭边盐场历史悠久，传统产品"福盐"具有上百年的历史，承载着文化遗产般的文明记忆。

20 世纪 90 年代中期，福建省拥有盐田面积 13,000 多万平方米，原盐生产能力达到 90 万吨，产量居南方海盐之首，最高产量曾达到 97 多万吨。除了 40 多万吨的盐产品供应本省食盐、工业用盐外，每年还调运 50 多万吨外销我国东南部六省一市和出口东南亚等地。

1995 年国家对工业用盐的购销体制实行改革以来，受到井矿盐大规模发展的影响，福建省两碱工业用盐全面转向山东、湖北等地购进。福盐销往华东六省一市和出口的食盐量也大幅下滑，至 2000 年全省盐的调出量降到不足 50 万吨，省内原盐产大于销，盐场的存盐量居高不下，造成企业资金周转缓慢，经营陷入困境。大量乡村办和部分国有盐场采取个人承包经营形式维持企业的生存。个人承包不能认真执行食盐计划，多以私卖的方式将大量劣质非碘盐、假冒碘盐提供给食盐市场，严重影响和冲击了正常的食盐市场秩序。这些非法、违规的盐屡禁不止，不仅造成国家税收的流失，而且还对福建省政府承诺在 2000 年基本消除碘缺乏病目标的实现造成了严重影响。

为了整顿食盐市场秩序，保障人民健康安全，福建省政府于 2000 年出台了关于《加快福建省盐业结构调整，实行食盐生产总量控制的通知》，"十五"期间福建省关停并转"三无"（无营业执照、无税务登记、无生产许可）的小盐场 145 家，生产面积 6,300 万平方米，压缩年产能 40 多万吨，盐业结构调整取得阶段性成果。至 2008 年末，福建省共有盐场 38 家，生产面积 5,476 万平方米，年生产能力 50 万吨。其中县（区）属国有盐场 10 家，乡村办盐场 28 家。通过废转"三无"小盐场，福建盐业的生产和经营秩序明显好转。

近年来，随着福建省海峡西岸经济区建设步伐的加快，沿海临港、临海建设进入新的高潮，特别是一些地方功利主义十分严重，为了给经济发展让路而肆意废转盐田，泉州某盐场生产的食盐享誉福建以及周边省市，乃至日本、东南亚国家，因引进外商投资项目占地而将盐场废转，自 2012 年起福建这个地标性海盐场就此消失了。此类现象屡禁不止，福建省盐田生产面积不断萎缩，使得"十一五"以来福建省建立的食盐产销平衡被打破，逆转成销大于产的局面。2012 年、2013 年，福建海盐年产量跌破 30 万吨。福建省内一些有识之士意识到，如果不能合理保护好老祖宗遗留下来的财富，可能在不久的将来，福建的盐田面积就会被全部吞噬，传统的海盐生产可能将全部结束。为此，省内一些专家学者和有识之士积极向省政府呼吁，希望保留福建古老的海盐生产，传统技艺要得到传承。通过多方的努力，2013年6月福建省人民政府终于出台了《关于进一步加强盐田保护　促进盐业健康发展六条措施》。

一是实行最严格的盐田保护制度。设置生产面积不低于3,000万平方米的重点盐田保护区，设定保护红线，对未经省人民政府批准擅自改变盐田用途的，各级各有关行政主管部门应当根据国家盐业、海域、土地管理等相关法律法规严厉查处，并依法追究相关责任人责任。

二是严格盐田废转征用审批制度。对盐田保护区之外不适宜继续生产食盐的按正常废转程序，相关部门组织初审评估、实地考察和充分论证通过后，报省人民政府批准废转和征用；加强盐田补偿金征管；用于商住和房地产建设的盐田补偿金缴纳标准为400元/平方米，用于其他项目建设的盐田补偿金缴纳标准为200元/平方米。

三是加大盐田改造与盐业结构调整力度。转变盐业发展方式，提升食盐产能，提高盐场机械化、自动化生产水平，提升劳动生产率；快盐业产品结构调整，开发福建绿色优质食盐、精选原盐、精选自然盐、果蔬腌制盐等高端盐产品，申报福建绿色海盐地理标志，打造绿色优质食盐品牌。

四是积极推进盐业体制改革。组建省盐业集团，逐步实现产供销一体化，积极实施企业内部改革和管理创新，增强企业竞争活力和发展后劲，逐步提高职工收入水平。

五是合理调整食盐零售价格。落实国家盐业价格政策，兼顾盐业发展和社会承受能力，实行灵活的价格政策。

六是加强食盐储备和供应。制定省级食盐储备管理办法，建设福州、龙岩、漳州、南平四个省级食盐储备库，形成食盐战略储备能力，确保福建食盐市场稳定和安全。

福建省盐业集团 2014 年营业收入 10 亿元，员工 1,350 余人，经过客观分析和考察，认识到盐业的生存与发展在市场经济大环境下依靠单纯销售盐产品是不可行的。盐虽然是关乎百姓民生、不可或缺的产品，但又是低价值的商品，盐业体制改革后食盐将从专营商品回归其调味品和快速消费品的本质。因此，盐产品在流通环节中只能充当润滑剂，或作为经营商品中的一个普通个体。要抱团取暖，改善生存条件，利用福建海盐质优、无污染、口感鲜美等特点与中盐总公司开展合作，生产加工高品质的品种盐推向全国食盐市场。

三、湖　盐

　　我国湖盐产地集中于内蒙古、青海、新疆、陕西、甘肃五个省区。"十二五"期间，随着国家西部大开发力度的加大，地处大西北的湖盐生产也得到了快速发展。内蒙古自治区实现了大规模的产业和产品结构调整；新疆维吾尔自治区进行了产业整合，基本上实现了产销一体化，提高了湖盐产业的集中度，加强了对本地区的市场掌控能力；青海省涌现出众多的民营企业，盐业生产投资主体形成多元化格局；在生产技术工艺方面，也取得了长足的进步。从"十二五"前两年湖盐产量占全国盐产品产量的 11%，到其后两年均以 100 万吨的增量达到了全国盐产量的 13% 以上，基本满足了本地区的工业民用之需。21 世纪以来，湖盐产量总体呈现出稳步增长趋势。

　　2014 年全国湖盐产量 1,274 万吨，占全国盐产品总量 9,182 万吨的 13.88%。与 2013 年同类产品相比增产 130 万吨。纵观十多年湖盐的发展，产量增长势头强劲，如图 2-9 所示。全国共有湖盐生产企业 40 家。其中，内蒙古自治区有生产企业 9 家、青海省有生产企业 11 家、新疆维吾尔自治区有生产企业 17 家，陕西省、甘肃省各 1 家，其他地区 2 家。

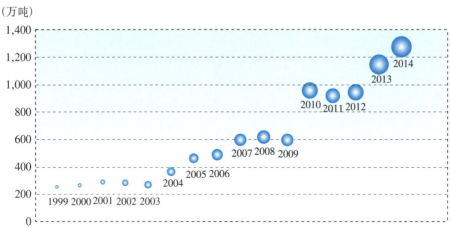

图 2-9　1999~2014 年全国湖盐产量

　　我国的盐湖资源主要分布在青海、新疆和内蒙古地区，青海省的湖盐产量占全部湖盐产量的绝对优势地位，占比达到 60.3%；新疆维吾尔自治区的湖盐产量占全部湖盐的比例是 23.34%；内蒙古自治区的湖盐产量占全部湖盐产量的 14.52%；其余极少量的湖盐产自陕西和甘肃地区，两省的湖盐产量合计只有 20 万吨。湖盐作为大吨位物资，受到运输条件和运输费用的制约，产品的销售半径需要控制在合理区间。因此，湖盐大部分在本地消化是最经济、最合理的选择。

（一）生产情况

　　湖盐生产地处西北地区，运往内地销区，运距长、运费高，是多年来制约湖盐产业发展的主要因素。因而湖盐生产企业，在积极探索产业发展的过程中，实施了产业与产品结构调整。近年

来，西北地区的盐化工项目陆续投产，对工业盐的需求产生一定
增量。湖盐生产企业以就近销售为主，以满足化工用盐的需求，
同时注重开发其他领域用盐为原则，实现了扩大销量消化库存。

1. 青海省湖盐生产

青海是我国湖盐储量的第一大省，盐湖总面积达 12 万平方公
里，氯化钠的保有储量为 3,200 亿吨，占我国盐湖保有储量的
85%。世界上最大的盐湖——察尔汗盐湖的储量为 20 亿吨，可开
采具备生产条件的有 200 多处。

青海盐湖的特点是钾盐与钠盐形成的伴生矿，可直接露天采
掘。开采过程中，为获得某一种产品就要同时产生另一种副产品。

青海省制盐企业的从业人员为 2,490 人。2014 年生产原盐 769
万吨，销售食盐 16.64 万吨，销售工业盐 500 万吨；2015 年 1~9
月生产原盐 650 万吨，销售食盐 8.4 万吨，销售工业盐 430 万吨。

青海省的制盐企业数量较多，主要原因是在 20 世纪 80 年代
大举开发柴达木盆地的热潮中，地方政府为鼓励私营企业和民营
经济投入盐湖开发，以无偿划拨盐湖区块为优惠条件，形成了国
有大型企业和民营企业以及个人小型企业对盐湖的割据状态，对
盐湖资源的合理、有序开采留下了一定的隐患。部分企业为获得
盐湖资源的开采权，盲目购置了简易的制盐生产设备，在实际生
产中不具备制盐的基本条件要求。这些企业占有了盐湖资源，可
以转包或者开采钾盐资源。

青海省的骨干制盐企业主要有青海省盐化股份有限公司和格

尔木盐化（集团）有限公司，两企业的原盐生产能力占全省原盐生产能力的 50%，具有综合发展潜力。在原盐、盐化工和综合利用方面形成了一定的生产规模。主要产品除食盐、工业盐外，还增加了融雪盐、防腐剂、添加剂、金属钠、纯碱、烧碱等系列产品。青海省盐化股份有限公司在茶卡制盐分公司增加了大型采盐船等设备，柯柯制盐分公司根据市场细分，添加了洗涤盐生产线。经过技术改造，调整了企业的产品结构，原盐生产能力均达到100 万吨，可生产高端食盐 15 万吨。茶卡制盐分公司还充分利用自然条件优势，开辟了以盐湖观光为主题的旅游产业。盐雕和盐湖死海体验成了游客热衷的旅游项目，茶卡盐湖被国家旅游局批准为 AAAA 级旅游度假景点。随着兰州—乌鲁木齐铁路动车的开通，盐湖旅游的接待人数将不断攀升，旅游门票收入和附加的增值服务收入成为企业新的经济增长点。

青海省内大部分民营企业处于停产或半停产状态，它们根据工业盐的需求采取以销定产的方式确定是否开工生产。当地开采钾盐的生产企业，由于生产工艺的原因，每年在产出钾盐的同时，会伴随产生 1,000 万吨的尾矿盐，含氯化钠 70%~80%。这些副产品价格低廉，每吨价格只有 10 元左右。当地民营企业大量收购尾矿盐作为加工盐的原料盐。尾矿盐经过洗涤后，可提高氯化钠的含量，达到工业盐的产品标准。青海省内的工业盐需求每年约为600 万吨，其中使用尾矿盐约为 200 万吨。尾矿盐的加工工艺简单，且在纳税等环节缺乏监管，在价格上与国有制盐企业形成反差。特别是 2015 年以来，这一矛盾日趋凸显。钾盐生产企业为解决遗留的钠盐尾矿，采取反补贴形式处理。以减少尾矿盐对继续开采钾盐生产的影响。民营企业加大尾矿盐的收购，既能获得原料盐还能享受每吨 8 元的补贴，有条件以更低的价格销售工业盐，形成了对国有制盐企业的巨大影响。2015 年第二、第三季度，省内大型制盐企业原盐库存积压严重，工业盐的销售已经触到了成本底线，企业只得采取停产措施以缓解压力。

尾矿盐的加工利用需要有序进行，在开采钾盐后，钠盐要根据资源状况进行合理的回填或者补水等环境保护工程来维持盐湖的自然生态。

2. 新疆维吾尔自治区湖盐生产

新疆维吾尔自治区是我国湖盐的第二大产区，氯化钠保有储量为 5.06 亿吨。区内有制盐企业 17 家，其中食盐定点生产企业 8 家。新疆维吾尔自治区地域广阔，盐湖资源分布分散。近年来，盐业进行了大规模的资源整合，生产和销售的管控力度加大。2014 年，全区生产原盐 298.64 万吨，销售各类盐 269.37 万吨。生产加工碘盐 14 万吨，销售食盐 13.03 万吨。2015 年 1~9 月累计生产原盐 226.97 万吨，销售各类盐 243.36 万吨。

新疆维吾尔自治区原盐生产和销售基本由盐业公司主渠道掌控，食盐和工业盐两大主要品种的生产集中在大中型和骨干制盐企业，边远地区配备的小型企业生产可满足地广人稀的特殊配送需求。

目前，区内制盐企业在完成生产经营任务的同时还要承担重要的社会责任：一是要担负重要的维稳任务。每年要派出职工比例 15% 的人员投入到维稳工作中。二是承担对部分民族地区的扶贫免费加碘盐供应任务。

新疆维吾尔自治区的盐湖也是钾盐和钠盐的共生和伴生矿，钾盐开采后的遗留尾矿盐问题严重。罗布泊、吐鲁番、塔城三个地区的钾盐生产企业每年的尾矿盐可达到 4,500 万吨，目前已经累积了 2 亿吨，数量巨大，影响严重。给钾盐、钠盐的正常生产和盐湖环境埋下了巨大的隐患。

3. 内蒙古自治区湖盐生产

内蒙古自治区的盐湖氯化钠保有储量为 0.9 亿吨。全区现有制盐企业 9 家，其中食盐定点生产企业 4 家。2014 年，生产原盐 185.13 万吨，生产加工食用盐 19 万吨。2015 年 1~9 月生产原盐 130 万吨，生产加工食用盐 13 万吨。

内蒙古自治区盐湖的开采方式与青海和新疆的盐湖开采方式有较大区别，盐湖表面覆盖了 1~2 米的盐盖，盐盖下氯化钠盐矿是以固液并存状态及固态储存。开采湖盐需要先剥离盐盖，再通过采盐船挖掘开采，经加工获得原盐。内蒙古自治区的化工企业对原盐需求量大，加之制盐企业自身加大开发力度，形成了盐和盐化工的延伸发展模式，全区原盐的供应不能满足需求，每年从区外调入原盐的数量逐年增加。周边省份如陕西、青海、宁夏回族自治区，由于地理位置条件和运输距离优势，均把内蒙古自治区的原盐市场作为必争之地。

　　内蒙古自治区的湖盐生产集中在阿拉善地区，兰太实业股份公司和雅布赖盐化有限公司是区内两大制盐企业，原盐产量占全区产量的 90% 。两企业在生产原盐的同时都重视盐化工产品的开发，已经具备消化本企业原盐的能力。由单一的提供原料企业，逐步转化为系列产品综合加工，提高产品附加值，延伸产业链为企业扩大利润空间奠定基础。同时作为国家定点食盐生产企业，也随时能够满足生产加碘食盐的需要。

　　内蒙古自治区的湖盐生产比较注重综合利用和保护性开采，制盐企业面临着盐湖干旱缺水的严重问题，企业多年来利用自有资金开展绿化种植，还自费承担了释放催雨炮弹人工增雨的任务。人工增雨不仅能使盐湖受益，而且周边的林业、畜牧业和民众生活也从中得到了益处。

（二）制约湖盐产业发展的主要因素

　　（1）湖盐生产要因地制宜，结合当地市场的未来走势，逐步开发盐化工产品，形成互为关联的循环经济模式。从提高产品附加值、建立资源节约型的绿色产业的角度确定企业的发展方向。但目前化工产品市场价格低迷，需求增长乏力，使湖盐产品一直在低价位徘徊，制盐企业的经济效益受到严重影响。如何规划未来的盐与盐化工协同发展问题尚待企业的效益得到改善后加以确定。

　　（2）国有湖盐企业税负过重。食用盐、工业盐的资源税，简单相加达到了 21%。特别是单纯从事湖盐生产的企业，进项税和销项税无法抵扣，税负尤为沉重。另外，湖盐企业大多数地处西北内陆，销售市场运距较远，因为运费不断上涨，有的企业为了生存，将工业盐以低于成本的价格销售，使本已经营困难的湖盐企业雪上加霜。

（3）私采滥挖现象严重，造成资源浪费，引发市场无序竞争。内蒙古、陕西、甘肃因为氯化钠资源较少，企业生产经营环境相对平稳。湖盐的主要产地青海、新疆则私采滥挖现象严重，盐湖合理开发和环境保护成为亟待解决的问题。另外，对盐湖的私采滥挖也直接影响了湖盐企业的正常生产经营活动和工业盐市场的有序竞争格局。

（4）盐湖资源保护亟待加强。我国盐湖处于西北干旱地区，蒸发量大、降水量少，盐湖周边植被稀疏，呈荒漠化或半荒漠化状态。许多盐湖卤水水位下降，造成开采困难、盐质下降。需要实施人工补水，但由于资金投入不足，难以实现；多数盐湖地势低洼，遇到暴雨山洪，又极易形成水涝灾害。所以，加大投入、做好盐湖资源保护、实施人工补水、修筑防洪堤坝是确保湖盐生产的重要举措。

（三）关于湖盐生产的建议

我国是湖盐蕴藏量丰富的国家之一，湖盐开采成本低、能耗少、无污染、盐质好，因而具有悠久的开采历史。但湖盐是一种不可再生资源，如果无序开采的状况持续下去，势必造成市场恶性竞争，对盐湖资源也是极大的浪费。必须未雨绸缪，从长计议，既要满足当前建设的需要，又要站在节约资源的战略高度，我国湖盐产业才能有健康发展的未来。

1. 现有湖盐地区的生产规模足以满足当地食用与化工原料的需求

要严格执行现有的环境保护和资源开发的法律法规，杜绝盐湖的私采滥挖现象。用行政手段加强对湖盐新建制盐项目的管控，在税收监管和维护公平市场竞争环境方面加大力度。

2. 钾盐生产企业在生产钾盐的过程中，要加强资源保护意识

对于生产过程中挖掘的钠盐进行回填封存，此外还要对积存的尾矿盐加以合理的消化处理，稳步进入工业盐市场。

3. 积极融入"一带一路"战略，发挥湖盐的区位优势

湖盐富集的西北地区，是实施"一带一路"发展战略的桥头堡，在产业转移与产能输出方面，具有得天独厚的优势。近年来，西北地区的盐化工产业发展迅猛，具备了"走出去"的能力和市场拓展的需求。湖盐生产企业应充分利用政策机遇，积极融入"一带一路"发展战略，拓展市场空间，将资源优势转化为产业优势。

第三章　市　场

一、国内供求

1. 2014 年全国盐业市场的主要特点

2014 年，全国盐业市场的特点是：供给大于需求、消费需求增加、两碱用盐支撑明显、食盐安全保障有力、商业模式不断创新、消除碘缺乏危害工作持续推进。

（1）供给大于需求，产能没有得到充分发挥。2014 年，全国原盐产量 9,182.04 万吨，进口盐 742,68 万吨，合计供应总量 9,924.72万吨，全年消费量 8,789 万吨。

（2）消费需求增加。2014 年，全国原盐消费需求增加 569 万吨，增长 6.92%。

（3）两碱用盐支撑明显。2014年，两碱用盐增长9.92%，占消费总量的比例较2013年提高了1个百分点，对市场的支撑作用明显。

（4）食盐安全保障有力。2014年，全国盐业切实履行了食盐专营职责，加大了食盐质量抽检和食盐市场监管力度，严厉打击非法盐产品销售，确保了人民群众食盐消费安全。

（5）商业模式不断创新。适应市场化发展趋势，全国盐业围绕食盐经营模式转型升级的改革都在试水而行、积极探索。

（6）消除碘缺乏危害工作持续推进。食盐"三率"保持稳定，2014年，全国碘盐覆盖率为99.87%，碘盐合格率为99.95%，合格碘盐食用率为99.99%，为持续巩固消除碘缺乏危害工作成果奠定了基础。

2. 2014年盐业市场存在的问题

（1）制盐工业产能不断扩张，导致产能过剩，产量连年增长，产大于销的矛盾突出。

（2）进口原盐冲击沿海盐业市场，出口盐价格出现下降。

（3）食盐产品结构较为单一，品种结构转型升级任务艰巨。

（4）盐业体制改革方案即将出台，而盐行业应对改革的准备不足，将对盐行业的发展产生较大的冲击。

3. 2015年盐业市场展望

（1）需求总量稳中有升。2015年，在欧美经济逐步复苏和国内"稳增长"的基调下，预计原盐总需求略有上升，增幅趋缓。

（2）两碱工业盐将适度增长，根据石油和化工行业的预测，2015 年全国烧碱表观消费量约 2,560 吨，增幅 3.1%。据此预计 2015 年两碱用盐将适度增长。

（3）食盐安全备受关注。食盐作为民生产品，关系到群众的身体健康，受到中央和各级政府部门的高度重视，食盐市场将保持稳定。

（4）模式创新纵深推进。盐行业积极贯彻落实十八届三中全会精神，顺应市场经济规律要求，抓住机遇，深化改革，迎难而上，大胆探索，寻求突破，推进行业体制与机制的创新，把商业模式创新工作推向新的高度。

二、食用盐需求及趋势分析

（一）基本情况

2014 年，全国食用盐市场发展的主要特点是：食盐供应平稳有序、食盐需求略有增长、食盐质量管控有效加强、消除碘缺乏病工作持续推进、盐政管理成效显著。

1. 食盐供应平稳有序

2014 年，各省盐业部门加强市场的应急管理，组织科学调度，实行动态监测，及时发现并有效平息了一些地方出现的食盐抢购苗头。适应市场需求变化，多方筹措资金，早部署、早安排，均衡调入，较好完成了国家的食盐调拨计划。按销区统计，全年共购进食盐 1,031.85 万吨，完成年计划 896.48 万吨的 115.11%，比 2013 年增加了 9.97%。2014 年末，全国食盐批发环节食盐库存 173.12 万吨，可满足两个多月的市场需求。如表 3-1 所示。

表 3-1　全国食盐调拨计划完成情况

单位：万吨

年份	国家计划	销区调入	计划完成率（%）	销区库存
2010	890	916.00	102.92	189
2011	900	1,001.00	111.22	195
2012	910.91	988.00	108.46	189
2013	883.91	938.31	106.15	169
2014	896.48	1,031.85	115.11	173

2. 食盐需求略有增长

2014 年，全国食用盐需求量 1,036 万吨，比 2013 年的 937 万吨增加 99 万吨，增长了 9.56%。2005~2014 年，全国食用盐的销售呈波动上升态势，年均增长率为 2.13%。其中，"十一五"期间年均增长率为 1.95%，"十二五"前四年的年均增长率为 1.69%，食盐市场总体维持 2010 年水平。如图 3-1 所示。

（万吨）

图 3-1　2005~2014 年我国食用盐销量

值得关注的是，食品加工用盐市场活跃。进入"十二五"以来，由于食品工业和农业加工业的快速发展，特别是食品腌制业由原来的个体作坊式向专业化、规模化生产转变，使食品加工用盐需求逐年上升，2013 年达到 435 万吨，比 2012 年的 423 万吨增长了 2.84%；2014 年达到 512 万吨，比 2013 年的 435 万吨增长了 17.70%，食品加工用盐在食用盐销售中所占比例上升到 46.29%，与小包装食盐 46.67%的比例相当。2011~2014 年，食品加工用盐销售量年均增长率为 11.34%，其中，2011 年、2012 年和 2014 年的增幅分别达到 15.58%、14.02%和 17.70%。如表 3-2 所示。

表 3-2　全国食盐批发销售量

单位：万吨

年　份	食用盐					多品种盐
	合计	其中：小包装食盐		食品加工用盐		
		数量	比上年增长(%)	数量	比上年增长(%)	
2009	893	534	—	328	—	31
2010	919	541	1.31	321	−2.13	57
2011	955	516	−4.62	371	15.58	68
2012	963	461	−10.66	423	14.02	79
2013	935	417	−9.54	435	2.84	83
2014	1,106	472	13.19	512	17.70	122

3. 食盐质量管控有效加强

各省盐业部门认真落实 GB26878-2011《食用盐碘含量》标准，健全完善质量管理体系，强化质量保障机制，落实质量管理责任，加强盐产品质量监督抽查，广泛开展质量月活动，保障了食盐质量和食盐消费安全。2014 年，在工业和信息化部、中国盐业协会组织的食用盐产品质量抽检中，合格率达到了 99%以上。

4. 消除碘缺乏病工作持续推进

各省盐业部门会同当地卫生、疾控中心等有关部门组织开展了"5·15 消除碘缺乏病日"宣传活动，大力宣传科学补碘、持续消除碘缺乏病的理念，收到了较好的效果。2014 年，全国碘盐覆盖率为 99.53%，碘盐合格率为 99.99%，合格碘盐食用率为 99.55%。2014 年，针对社会各界和广大人民群众要求改进非碘小包装食盐零售管理的呼声，各地在现有无碘食盐销售网点基础上，结合人口分布和交通状况，适度增设布局合理的零售网点，为特殊人群购买无碘盐提供便利。

5. 盐政管理成效显著

各省盐业管理部门充分发挥监督管理盐业市场的执法主体作用，加大监管力度，紧紧围绕食盐安全的重点环节，不断巩固和完善"政府领导，部门配合，社会参与"的工作机制，有计划、有步骤地开展盐业市场整顿与规范。加强与工商、质监、卫生、商务、公安、交警、交通、铁路等有关部门的协作，加强对食品生产加工企业的监管力度，对从事酿造、调味品、豆制品、肉制品、酱菜腌制等加工生产的企业开展了重点整顿，规范其用盐行为，坚决杜绝劣质盐和工业副产盐。加大涉盐重大案件查办力度，2013 年全国查办了 8,000 多起涉盐刑事犯罪案件，极大震慑了涉盐违法分子。建立区域协同监管机制，深化区域战略合作，着力打造省际边界盐业市场管理的联动平台。

（二）存在的主要问题

1. 小包装食盐市场呈现波动

全国小包装食盐的销量逐年下滑。2012 年比 2011 年下降了 10.66%，2013 年比 2012 年下降了 9.54%，但 2014 年比 2013 年增加了 13.19%。

2. 食盐产品结构不够合理

食盐结构比较单一，附加值不高，不能满足不同层次消费群体，产业结构调整工作进展缓慢。

3. 品种盐发展有待规范与统一

全国品种盐缺乏统一的分类标准，同质化现象严重。应尽快建立多品种盐的标准化管理体系。

4. 食盐消费安全面临新的挑战

2014 年，盐业市场出现新变化，私盐贩销手段不断翻新，大案要案时有发生，工业盐、无碘盐、劣质盐、假冒小包装盐等冲击食盐市场，流向百姓餐桌和食品小作坊、小摊点，对人民群众的消费安全构成严重威胁。

（三）食用盐需求趋势分析

1. 食盐需求较为平稳

随着国民经济和社会的发展，特别是旅游、餐饮业及食品加工、畜牧、饲料等产业的发展对食盐需求将有所增加，我国食盐需求较为平稳，预计 2015 年全国食盐需求总量将达到 1,100 万吨左右。

2. 小包装食盐消费有所上升

随着老百姓消费观念转变，"少吃盐，吃好盐，科学用盐"将成为新的消费理念，小包装食盐需求将有所上升。2015 年全国小包装食盐需求总量将达到 500 万吨左右。

3. 食盐消费结构趋于多元化

随着生活水平的提高，食盐消费结构将逐步走向多样化，简单、方便、口味实用将成为消费趋势。

（四）全国前 10 家批发企业销售规模及分布特征

1. 批发企业市场集中度明显提高

2014 年，全国前 10 家盐业批发企业销售各类盐品 958.54 万吨，占全国总销量的 64.60%，比 2013 年的 953.58 万吨（占全国总销量的 62.6%）提高了 2 个百分点。2014 年，全国前 10 家盐业批发企业食盐销售量之和（657.26 万吨）占全国总销量的 63.46%，较 2013 年销售量之和（627.52 万吨，占全国总销量的 67%）减少了 3 个百分点。大型批发企业群体的涌现，已经成为中国盐业市场中的突出现象，也正在成为改变盐业市场版图的现实或潜在力量。如表 3-3 所示。

表 3-3　2013 年、2014 年全国前 10 家省级批发企业盐品销售总量

单位：万吨

销售总量			
2014 年		2013 年	
省份	销售量	省份	销售量
山东	166.26	山东	141.92
广东	136.28	广东	138.57
云南	111.85	江苏	113.74
江苏	107.05	云南	112.04

续表

销售总量			
2014 年		2013 年	
省份	销售量	省份	销售量
浙江	96.61	浙江	103.15
四川	94.24	四川	90.28
河南	76.40	河南	75.99
福建	62.05	辽宁	69.30
河北	54.57	河北	56.23
辽宁	53.23	福建	52.36

2. 全国前 10 家省级企业食盐销售增幅明显

2014 年，全国前 10 家省级盐业批发企业食用盐销售总量为 657.26 万吨，比 2013 年的 627.52 万吨增长了 4.47%（全国为 2014 年 1,483.76 万吨，比 2013 年增长了 4.36%）。从个体看，山东省、四川省、福建省、安徽省 4 家省级批发企业比 2013 年有一定程度的增长，河南省、云南省两家省级批发企业与同期持平，4 家省级批发企业出现下降现象。如表 3-4 所示。

表 3-4 2013 年、2014 年全国前 10 家省级批发企业食用盐销售总量

食用盐			
2014 年		2013 年	
省份	销售量	省份	销售量
广东	116.00	广东	115.07
山东	92.98	四川	78.12
四川	81.58	山东	71.22

食用盐			
2014 年		2013 年	
省份	销售量	省份	销售量
浙江	68.76	浙江	69.56
江苏	68.46	江苏	69.32
河南	60.49	河南	59.55
福建	52.17	福建	51.34
湖南	40.08	云南	41.77
云南	39.66	安徽	36.43
安徽	37.08	河北	35.14

按销售量统计，2014 年销售总量列全国前 10 位的省级批发企业名单没有变化，表明中国盐业大企业格局继续呈现较强的稳定性。2014 年排名全国盐品销售量第 10 位的是辽宁省（2014 年食用盐销售量为 53.23 万吨），与 2013 年列第 10 位的福建省（2013 年盐品销售量为 52.36 万吨）相比门槛有所提高。

3. 全国前 10 家省级批发企业经济效益及运行效率

（1）全国前 10 家省级批发企业营业收入稳定增长。2014 年，全国前 10 家省级批发企业实现营业收入 293.15 亿元，较 2013 年的 277.33 亿元增长 5.70%。其中，安徽省增长 20.76%，重庆市增长 19.80%，广东省、浙江省增幅为 10.99%、9.01%。

（2）全国前 10 家省级批发企业实现利润大幅提高。2014 年，全国前 10 家省级批发企业实现利润 20.49 亿元，较 2013 年的

17.72 亿元增长 2.77 亿元，增长了 15.67%。如表 3–5 所示。

表 3–5　2013 年、2014 年全国前 10 家省级批发企业经济效益情况

单位：万元

营业收入				利润总额			
2014 年		2013 年		2014 年		2013 年	
地区	金额	地区	金额	地区	金额	地区	金额
安徽	739,330	安徽	612,214	安徽	33,344	安徽	30,256
山东	385,221	江苏	381,812	浙江	30,957	浙江	25,744
江苏	321,840	山东	376,065	广东	28,923	广东	24,759
重庆	237,615	四川	217,415	上海	21,568	江苏	16,683
浙江	235,520	浙江	216,050	湖南	18,903	湖南	16,321
四川	220,139	河南	204,693	山东	17,052	四川	15,648
广东	210,379	重庆	198,335	新疆维吾尔自治区	15,261	山东	14,337
河南	208,915	湖南	191,681	四川	14,171	上海	12,885
云南	189,244	广东	189,549	江苏	12,441	陕西	10,513
天津	183,312	云南	185,517	广西	12,324	甘肃	10,031

4. 全国前 10 家省级批发企业资产规模不断壮大

2014 年，全国前 10 家省级盐业批发企业资产规模 325.78 亿元，较 2013 年的 282.28 亿元增长了 15.41%。与此同时，负债总额上升 14.31%，资产负债率上升到 58.8%，但财务风险仍处于可控范围。如表 3–6 所示。

表 3–6　2013 年、2014 年全国前 10 家省级批发企业资产负债情况

单位：万元

资产总额				负债总额			
2014 年		2013 年		2014 年		2013 年	
地区	金额	地区	金额	地区	金额	地区	金额
安徽	798,522	安徽	600,277	安徽	570,213	安徽	418,481
四川	365,774	贵州	297,123	河北	207,407	贵州	205,453
浙江	344,093	浙江	293,590	云南	186,758	云南	170,924
云南	293,998	云南	269,873	山东	178,072	山东	170,159
山东	260,259	重庆	260,835	贵州	151,300	重庆	161,199
河北	253,511	山东	240,301	重庆	140,139	河北	142,239
重庆	245,648	湖南	224,747	浙江	132,771	河南	111,709
贵州	238,500	四川	218,662	四川	123,137	浙江	108,131
湖南	234,763	江苏	214,627	河南	119,159	江苏	99,672
江苏	222,798	河北	196,722	江苏	106,653	湖南	87,723

5. 全国前 10 家省级批发企业运行效率居全国同行业先进水平

2014 年，全国各省盐业批发企业人均销售各类盐 212 吨。人均销售量列前 10 位的依次是：云南省、上海市、天津市、福建省、北京市、广东省、新疆维吾尔自治区、广西壮族自治区、浙江省、江苏省。其中，位列前 2 位的云南省、上海市人均年销售量均达到 1000 吨以上。

2014 年，全国批发企业人均销售食用盐 148 吨，上海市、云南省、福建省、天津市、广东省列前 5 位。如表 3–7 所示。

表 3-7 2013 年、2014 年全国前 10 家省级批发企业人均销盐量

单位：吨

人均销售总量				人均年销售食用盐量			
2014 年		2013 年		2014 年		2013 年	
地区	销售量	地区	销售量	地区	销售量	地区	销售量
云南	2,920.37	云南	2,872.82	上海	1,141.87	上海	1,127.57
上海	1,289.02	上海	1,293.83	云南	1,035.51	云南	1,071.03
天津	897.82	天津	1,063.09	福建	777.50	福建	820.13
福建	813.26	福建	836.42	天津	675.11	天津	788.84
北京	654.52	北京	678.55	广东	540.54	广东	513.02
广东	635.04	广东	617.79	北京	497.51	北京	456.81
新疆维吾尔自治区	541.74	新疆维吾尔自治区	565.40	广西壮族自治区	352.68	江苏	336.67
广西壮族自治区	390.62	江苏	552.40	四川	283.17	浙江	287.08
浙江	389.87	浙江	425.71	重庆	282.11	广西壮族自治区	281.02
江苏	388.28	辽宁	354.11	浙江	277.48	四川	271.63

2014 年，全国省级批发企业人均实现营业收入 65.55 万元，人均实现营业收入列前 10 位的依次是：天津市、上海市、云南省、重庆市、贵州省、江苏省、北京市、福建省、广西壮族自治区、新疆维吾尔自治区。其中，列前 2 位的天津市、上海市人均实现营业收入达到 500 万元以上。

2014 年，全国各省盐业批发企业人均实现利润总额 4.68 万元，人均实现利润总额列前 10 位的依次是：上海市、北京市、云南省、新疆维吾尔自治区、天津市、广西壮族自治区、广东省、

浙江省、宁夏回族自治区、湖南省。其中列前 2 位的上海市、北京市人均实现利润总额均达到 30 万元以上。排名第 3 位的云南省人均实现利润总额达到 25 万元以上。如表 3-8 所示。

表 3-8 2013 年、2014 年全国前 10 家省级批发企业人均创造效益

单位：万元/人

人均营业收入				人均利润总额			
2014 年		2013 年		2014 年		2013 年	
地区	金额	地区	金额	地区	金额	地区	金额
天津	800.49	天津	555.14	上海	87.67	上海	53.02
上海	551.11	云南	475.68	北京	31.38	北京	26.38
云南	494.11	上海	318.72	云南	25.64	云南	25.65
重庆	208.43	江苏	185.44	新疆维吾尔自治区	21.37	天津	20.80
贵州	136.62	重庆	160.86	天津	18.96	广东	11.04
江苏	116.74	北京	156.06	广西壮族自治区	16.52	浙江	10.62
北京	112.35	安徽	126.99	广东	13.48	宁夏回族自治区	8.23
福建	108.23	贵州	121.71	浙江	12.49	江苏	8.10
广西壮族自治区	107.23	福建	104.04	宁夏回族自治区	11.58	福建	7.95
新疆维吾尔自治区	106.68	新疆维吾尔自治区	99.59	湖南	8.78	广西壮族自治区	7.80

三、进口与出口盐

2014 年我国出口盐 142.76 万吨，2015 年 1~9 月出口盐 78.42 万吨；2014 年进口原盐 742.68 万吨，2015 年 1~9 月进口原盐 484.64 万吨。进口与出口数量均比 2014 年同期略有减少。

进口盐数量的突然巨幅增长，给工业盐市场带来了巨大的挑战和降价狂潮。随着市场开放步伐的加快，进口盐将直接影响到我国制盐产业的发展。如何加强协同，应对进口盐的冲击挑战，是盐行业能否稳健发展的重要因素。

纵观近 13 年来进口盐的历史，呈明显的直线上升态势。2003 年，我国进口原盐 37.46 万吨，当年的出口盐数量是 113.99 万吨。2013 年进口盐是峰值，达到了 768.68 万吨，2014 年的进口量略有减少，为 742.68 万吨；2015 年 1~9 月进口原盐 484.64 万吨。进口原盐的国别依然集中在澳大利亚、印度、墨西哥三个国家。2014 年，进口澳大利亚的原盐为 373.57 万吨，占全部进口盐的 50.12%；进口印度的原盐为 255.34 万吨，占全部进口盐的 34%；进口墨西哥的原盐为 56.65 万吨，占全部进口盐的 8.31%。澳大利亚、印度、墨西哥三个国家自 2011 年开始瞄准中国工业盐巨大的市场商机，与化工企业开展战略合作，以投融资、产品质量定制和优惠价格方式吸引了国内化工企业。性价比优于国内工业盐，化工企业选择了进口盐。国际贸易连续低迷，增速仅在3%，国际航运价格特别是散装货物运价的超低价位，为进口盐带来了机会。原盐属于大吨位运输货物，运输成本占总成本的40%。遥远的运输距离，如果运费没有下降的优势，进口盐与国内原盐的竞争难分高低。如图3-2所示。

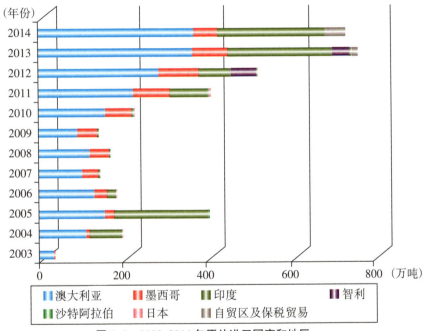

图3-2　2003~2014年原盐进口国家和地区

出口盐近年维持在150万吨左右，主要的出口国家和地区分别是韩国、日本、马来西亚、越南和中国台湾。其中，韩国和日本分别占我国全部出口盐总量的29.31%和34.77%。如图3-3所示。

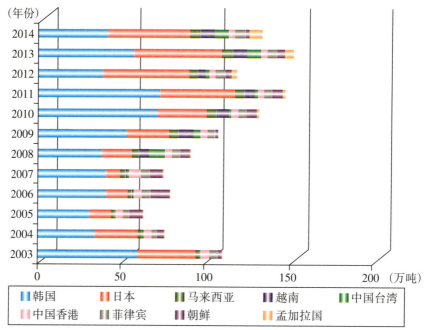

图 3-3　2003~2014 年原盐出口国家和地区

　　我国进口盐的贸易方式近年出现变化，一般贸易的数量仍然占主流，但边境小额贸易出现小幅度增长；保税区的贸易量增加较快，保税区仓储贸易和保税区转口贸易的数量在 30 万吨左右。预计在我国新增自由贸易试验区后原盐的贸易量会出现一定增长。盐业企业应抓紧机会，利用国家的税收和贸易政策积极开展原盐的国际贸易，参与国际市场的竞争。如表 3-9、图 3-4、表 3-10、图 3-5、图 3-6 所示。

表 3-9　2011 年至 2015 年 1~9 月进出口量及同比增长情况

时间	出口量 (万吨)	进口量 (万吨)	出口量同比 (%)	进口量同比 (%)
2011	157.42	414.09	9.84	49.70
2012	131.76	526.66	−16.30	27.18
2013	157.89	764.54	19.83	45.17
2014	142.76	742.68	−9.58	−2.86
2015（1~9）	78.42	484.65	−1.95	−20.40

图 3-4　2011 年至 2015 年 1~9 月进出口量及同比增长

表 3-10　2011 年至 2015 年 1~9 月进出口额及同比变化情况

时间	出口额 (万美元)	进口额 (万美元)	出口额同比 (%)	进口额同比 (%)
2011	11,464.00	19,798.00	40.05	53.57
2012	9,743.00	25,793.00	−15.01	30.13
2013	11,200.00	35,629.00	14.95	38.08
2014	9,068.90	34,066.10	−19.03	−4.39
2015（1~9）	4,942.00	19,299.40	−12.59	−30.10

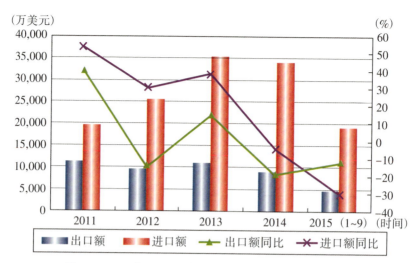

图 3–5　2011 年至 2015 年 1~9 月进出口额及同比变化情况

图 3–6　2003 年至 2015 年 1~9 月原盐进出口量比较

　　与此同时，进口盐的价格也冲击着国内盐业市场，从近 5 年来盐的进出口价格看，进口盐的价格远远低于出口盐的价格。出口盐单价稳步下降，进口盐单价也在下降通道中。如图 3-7、表 3-11 所示。

图 3-7　2011 年至 2015 年 1~9 月进出口单价变化情况

表 3-11　2011 年至 2015 年 1~9 月进出口单价变化情况

时　间	出口平均单价（美元/吨）	进口平均单价（美元/吨）
2011	73	48
2012	74	49
2013	71	47
2014	64	46
2015（1~9）	63	40

2003~2014 年我国原盐进出口量比较如图 3-8 所示。

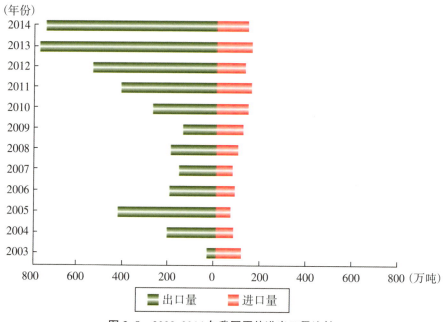

图 3-8　2003~2014 年我国原盐进出口量比较

四、两碱产业发展及对盐的需求

纯碱、烧碱年度情况。我国 2014 年纯碱和烧碱行业依然艰难前行，增速持续放缓，尽管国家对两碱行业提高了准入门槛，规定在"十二五"末期要淘汰规模小、能耗高、污染严重的落后产能，但实际生产能力仍然在不断释放。产业整体的设备开工率不足 80%，下游产业需求难以摆脱持续低迷状态，企业效益依然处在下滑通道，供大于求的基本面无改观迹象。1999 年至 2015 年

1~9 月纯碱、烧碱的产量，如表 3-12 所示。

表 3-12　1999 年至 2015 年 1~9 月两碱产量

单位：万吨

时　间	纯　碱	烧　碱
1999	766.21	580.14
2000	834.15	667.88
2001	914.37	787.96
2002	1,033.15	877.97
2003	1,133.15	945.27
2004	1,334.70	1,041.12
2005	1,421.08	1,239.98
2006	1,560.23	1,511.78
2007	1,765.09	1,759.29
2008	1,881.33	1,852.14
2009	1,944.77	1,832.37
2010	2,034.82	2,228.39
2011	2,294.03	2,473.53
2012	2,403.93	2,698.59
2013	2,429.36	2,854.12
2014	2,514.36	3,059.56
2015（1~9）	1,935.50	2,306.60

1. 烧碱

近年来，世界烧碱行业产能总体变化较小，新增产能主要集中在中国、印度等发展中国家。全球有 500 家以上的氯碱生产商，世界烧碱总产能已经超过 9,000 万吨，产量接近 6,900 万吨。亚洲地区仍旧是全球烧碱产能最集中的地区，产能接近全球的 60%，中国是世界烧碱产能最大的国家，产能占全球的 42.1%；美洲地区烧碱产能占全球的 20% 左右，企业规模较大，产能相对集中；欧洲地区产能占全球的 15% 左右，部分欧洲地区企业烧碱产能呈现萎缩趋势。

截至 2014 年底，有 213 万吨新增项目投产，扣除淘汰的落后生产装置，减少了部分产能，中国烧碱总产能仍然达到了 4,000 万吨，位列世界第一位。中国烧碱产能以离子膜烧碱为主，离子膜烧碱的比例在 96% 左右，按产业政策的要求，隔膜法生产工艺正在逐渐退出。近年来，由于中国烧碱行业发展迅速，产能、产量迅速增加，中国烧碱的出口量也呈增长态势，目前中国烧碱的出口数量在 200 万吨左右，进口数量极少，是烧碱的净出口国。

目前，我国烧碱生产企业有 175 家，由于烧碱行业近年来处于亏损状态，部分企业生存困难，有的企业生产装置长期闲置无法运营生产，只有停产退出、变卖设备。此外，另有一部分隔膜碱产能按产业政策逐年退出。因此，虽然 2015 年新增烧碱产能达到 213 万吨，但净增产能仅为 60 万吨。2014 年，我国烧碱产能地区分布如表 3-13 所示。

表 3-13   2014 年中国烧碱产能地区分布

单位：万吨

地 区	离子膜	隔 膜	合 计
安徽	117.0	—	117.0
福建	42.0	5.0	47.0
甘肃	35.5	5.5	41.0
广东	28.0	3.5	31.5
广西	52.5	—	52.5
贵州	22.0	0.0	22.0
海南	3.0	—	3.0
河北	139.0	—	139.0
河南	183.5	—	183.5
黑龙江	30.0	3.5	33.5
湖北	86.5	9.0	95.5
湖南	49.0	9.0	58.0
吉林	25.0	—	25.0
江苏	376.0	31.0	407.0
江西	66.5	5.0	71.5
辽宁	75.0	8.0	83.0
内蒙古	316.0	15.0	331.0
宁夏	49.0	3.5	52.5
青海	55.0	—	55.0
山东	936.5	22.0	958.5
山西	118.0	—	118.0
陕西	102.0	8.0	110.0
上海	72.0	—	72.0

续表

地　区	离子膜	隔　膜	合　计
四川	97.0	20.0	117.0
天津	113.0	12.5	125.5
新疆	293.0	—	293.0
云南	40.0	—	40.0
浙江	189.5	—	189.5
重庆	30.5	7.5	38.0
合计	3,742.0	168.0	3,910.0

2014 年，我国烧碱产量首次超过 3,000 万吨达到 3,180 万吨，比 2013 年同期增加了 7.9%，近年来，烧碱产量增长基本保持了与经济增长速度相近的增幅。2014 年烧碱产量地区分布情况如表 3–14 所示。

表 3–14　2014 年烧碱产量地区分布情况

单位：吨

地　区	产　量	地　区	产　量
山东	6,676,804	安徽	635,443
江苏	5,256,874	山西	454,994
内蒙古	2,563,799	宁夏	421,433
新疆	2,368,870	江西	416,711
河南	1,820,389	广西	416,681
浙江	1,512,272	广东	327,153
河北	1,207,362	重庆	326,747
四川	1,149,629	福建	252,292
天津	1,060,615	云南	240,303

续表

地　区	产　　量	地　区	产　　量
湖北	1,033,401	甘肃	200,591
陕西	924,070	青海	186,679
上海	730,313	吉林	147,604
辽宁	647,441	黑龙江	114,378
湖南	645,883	贵州	63,249

中国烧碱每年的出口数量在 200 万吨左右，占总产量的 6%~8%，虽然随着产量的增加，出口所占产量的比例有所下降，但出口外销市场的形势对国内市场走势变化的影响仍不容忽视。尤其在出口外销企业较为集中的东部沿海地区，出口数量以及价格的变化对国内市场有较为明显的影响，且影响要大于国内。

影响烧碱生产的主要因素：一是下游产业的总体需求增长数量，如氧化铝生产、化纤生产、造纸等产业是消耗碱的主体用户，它们的景气度直接影响和制约着烧碱的发展；二是氯碱平衡也是影响烧碱行业整体发展的关键因素，烧碱产量快速增长，为了平衡氯气，带动了相关的耗氯产品开发。综合烧碱和耗氯产品的价格走势，基本呈现出相反态势。

2014 年计划新增产能 500 万吨左右，但最终新增产能仅为 213 万吨，占计划新增的 40% 左右；2015 年计划新增烧碱产能为 379 万吨，预计最终形成的产能将在 100 万~150 万吨，随着现有隔膜碱的退出及少数企业因经营困难破产，2015 年烧碱产能有可能出现负增长的局面。2014 年烧碱装置的开工率为 81%，有所回升，但仍有 20% 左右的产能闲置。与此同时，仍有一部分新建项目上马，未来几年市场供大于求的局面仍难以改变，化解过剩产能的任务仍十分艰巨。因此，一方面要加大落后产能的淘汰速度，另一方面要准备进入行业的新投资者需要谨慎抉择。

烧碱的产品形态分为固态和液态，运输方式和运输成本也是企业必须考虑的现实。我国西部地区的产能增长速度加快，产量不断攀升。但烧碱的主要消费群体集中在华东和华南大部分区域。西部地区的烧碱企业需要加工固态碱运送到消费地区，导致成本有所增加。

2015 年烧碱价格呈现先抑后扬的局面，上半年处于低迷状态，进入 6 月后部分地区的价格突然转升，持续上扬的势头未见减速。山东等主要产区的 32% 离子膜烧碱价格已经达到了 650~700 元/吨，较年初上涨了近 10%。华南产区的 99% 片碱的销售价格也达到了 2,550~2,600 元/吨，上涨幅度达到了 9%。企业的效益明显改善，但烧碱行业整体的价格走势并未形成一致，部分区域的价格仍呈现出较大起伏的局面。

2. 纯碱

我国纯碱主要用于工业生产，占总消费量的 90%。工业用户中，玻璃制造业是纯碱的最大消费产业，生产每吨玻璃需要消耗 0.2 吨纯碱。其余工业消费用于日化、建材、食品工业、冶金、纺织、石油医药等领域。作为上游产业，其发展速度和质量严重依赖下游产业的基本走势。尽管相关产业如房地产、汽车制造等都呈现增幅大幅下降的趋势，但是纯碱行业的增幅依然明显高于下游产业的增长幅度。社会资本的大举进入，使纯碱企业数量和产能快速增长。我国从纯碱的进口国，转变为世界纯碱出口第一大国。在行业整体快速增长的同时也带来了淘汰落后产能的新问题，提升产业技术装备水平和降低消耗成为行业必须面对的现实。

2014 年，我国纯碱行业总产能已达 3,145 万吨。其中，新增产能 220 万吨，淘汰产能 62 万吨，净增 158 万吨。尽管受近年来市场走势低迷的影响，国内纯碱行业总产能增速有所放缓，但在 2015 年仍有约 80 万吨产能将建成释放。届时，全国纯碱生产能力将达到 3,225 万吨以上。2010~2014 年纯碱产能变化趋势如图 3-9 所示。

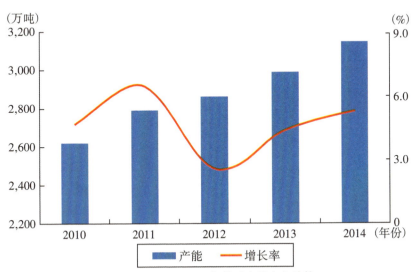

图 3-9　2010~2014 年纯碱产能变化趋势

2014 年，全国纯碱产量达到 2,515 万吨。2014 年纯碱产量分地区统计如表 3-15 所示。

表 3-15　2014 年纯碱产量分地区统计

单位：万吨

省（市、自治区）	纯碱产量	省（市、自治区）	纯碱产量
天津	58.5	湖北	140.9
河北	246.0	湖南	61.8
山西	3.0	广东	60.2
内蒙古	60.0	广西	6.0
辽宁	56.2	海南	0.0
吉林	0.0	重庆	118.4
黑龙江	0.0	四川	129.6
上海	0.0	贵州	0.0
江苏	318.6	云南	13.1
浙江	27.0	陕西	28.5
安徽	66.5	甘肃	16.1
福建	0.9	青海	326.6
江西	0.0	宁夏	0.0
山东	435.3	新疆	8.3
河南	333.2		

与其他化工产品相比，2014 年的国内纯碱市场价格表现坚挺，甚至在年末出现了逆势上扬的趋势。国内纯碱市场主要受以下几方面因素影响：一是在下游需求恢复缓慢的局面下，国内纯碱企业通过检修，控制出货节奏，灵活操作价格等多方面措施，努力

将库存及货源供应量保持在相对合理的区间，对纯碱价格形成了有效的支撑力；二是虽然原料原盐价格一路走低，但联碱企业的另一产品氯化铵市场跌入谷底，抑制了纯碱产量的增加，纯碱企业在运营压力面前，力挺纯碱价格；三是国内纯碱企业积极开拓出口市场，亦在一定程度上助推了纯碱市场的回暖。但尽管如此，国内纯碱总产能的缓慢增长，仍在提醒着我们行业产能过剩的客观事实。面对严峻的经济大环境，只有更为合理地转型升级，开拓海外市场，国内纯碱行业才有希望将这股回暖势头延续下去。

2014 年，纯碱行业开工率在 80% 左右；2015 年，国家产业政策调整，小化肥生产用电优惠全部取消，将有利于大型纯碱企业生产，小化肥纯碱企业将逐渐退出市场，因此预计纯碱行业开工率仍将维持在 80% 左右。

2014 年，进口纯碱 4.99 万吨，同比为 74.81%；出口纯碱179.08 万吨，同比增加 6.75%。

第四章 新技术应用和新增产能

一、新技术推广应用

1. 五效真空蒸发制盐技术（ME）和机械热压缩制盐技术（MVR）

生产规模的扩大，必然对生产工艺和技术装备提出新的要求。2005 年，我国井矿盐蒸发结晶设备总计 80 套，其中，68 套是 5 万~30 万吨/年，11 套是 60 万吨/年，只有 1 套装置达到 100 万吨/年。经过了 10 年的发展历程，到 2014 年，我国的井矿盐装置合计 101 套，其中，100 万吨/年以上的装置 8 套，60 万吨/年的装置 35 套，其余 58 套多为 30 万吨/年。年产 2 万吨的装置已基本被淘汰，随着制盐装置大型化发展，原来井矿盐工艺普遍采用的三效、四效真空蒸发制盐装置已经不能满足节能降耗的要求。新的制盐技术，如五效真空蒸发技术和机械热压缩制盐技术得以应用，并不断得到推广，提高了生产效率，成为我国井矿盐大发展的技术支撑。

五效真空蒸发制盐技术（ME）和机械热压缩制盐技术（MVR）各有特点，一般而言，ME 仍需制盐企业建设自备电站，而且对锅炉的要求是只有达到大型化水平，才能达到提高热效率，发挥出多效真空蒸发优势的目的；MVR 则可利用网电，减少建设自备电站的投资和运营费用以及环保投入费用。

随着国内越来越重视节能减排工作，机械热压缩制盐工艺备受关注，因具有工艺流程短，设有多效蒸发制盐工艺的多个蒸发罐及真空系统、循环冷却水系统、转排盐系统等，占地面积相对较小，节约土地资源，可减少很大的前期投入；节能效果明显；无废气、废渣、废水排放；较传统制盐工艺大幅度减少循环用水，水的蒸发损失极低，在缺水地区具有较大优势。故该工艺在西方国家已经得到了广泛应用。自 20 世纪 80 年代以来，意大利、瑞士、奥地利、泰国、美国、西班牙等国家相继建成了多套 MVR 制盐装置，国内目前已经投入运行的生产装置有：中盐金坛 150 万吨/年生产装置（采用进口装置压缩机）、河南神鹰 60 万吨/年制盐装置（采用进口装置压缩机）、江苏井神 100 万吨/年精制盐装置(采用风机串联技术)，从运行效果来看，节能效果显著。国内采用 MVR 制盐工艺调试的生产装置有：山东肥城海晶盐化有限公司

120 万吨/年绿色生态精制盐项目和山东肥城精制盐厂 120 万吨/年精制盐项目。拟采用 MVR 装置的制盐企业有：中盐河北龙翔 60 万吨/年精制盐项目。

目前，井矿盐建设项目技术方案的选择，均在两者之间进行比较，方案最终选择应结合当地的资源和建设条件等综合因素来决定。

从工艺技术实际应用的情况来看，二者仍存在一些问题尚待完善和优化改进：五效真空蒸发制盐技术（ME）总体能耗较高，首期投入大，且生产过程中采用热电联产，气电达到平衡时才能发挥出优势。机械热压缩制盐技术（MVR）对于不同类型卤水的使用效果需持续研究探讨，成功的案例在累积中。

2. 浓盐水电渗析法制盐

我国是一个水资源极度贫乏的国家，且严重分布不均。全国的水资源总量为 2.8 万亿立方米，位列世界第六位。人均水资源量排在世界第 108 位，被联合国列为 13 个缺水国家之一。我国年缺水量为 300 亿~400 亿立方米，因缺水造成的经济损失大约为 2,000 亿元。部分城市因超量开采地下水，已经造成地面沉降、区域性地下漏斗面积增大、生态环境恶化、地质灾害频发等问题，水资源短缺成为制约我国经济社会发展的不可忽视的重要问题。发展海水利用产业，对于缓解我国的水资源短缺，优化用水结构，保障国民经济可持续发展，培育形成新的经济增长点都具有深远的战略意义。

随着我国经济社会的发展以及生态环境的恶化，水资源形势日趋严峻，为缓解水资源危机，我国政府采取了一系列措施推动海水利用，并逐渐上升到国家战略高度加以发展。我国海洋发展战略中突出了加强海水综合利用的地位。"十二五"期间，国务院和有关部门相继密集地发布了一系列促进海水淡化的政策规划。国际上缺水国家的经验证明海水淡化是稳定的水资源增量技术，可以作为水资源的重要补充和战略储备。

近年来，海水综合利用产业迅猛发展，到 2013 年底，全国建成海水淡化工程 103 个，分布在沿海一带，如天津、河北、山东、浙江、广东等 9 个地区。日产水量可达 90.08 万吨，广泛应用在电力、石化、钢铁等高耗水及部分居民用水领域。

海水淡化工程重要的特点是在获得淡水的同时，要排放出大量的浓海水，排放量约占海水处理总量的 50%。如果直接排放这些浓海水，其中富含高浓度的无机盐对海洋环境将造成严重污染。而这些浓海水对制盐企业来说却是生产盐及盐化工产品的原料，利用这些浓缩的海水，一是可以节约大量的土地面积，二是可以实现工厂化制盐，并且工厂化制盐产品质量高。

电渗析法浓缩海水技术 20 世纪 70 年代就已经被日本、韩国等国家广泛应用，我国台湾地区也有一座以电渗析法浓缩海水的制盐工厂，而我国大陆地区目前还没有此类制盐装置。日本是世界上唯一用电渗析法浓缩海水制盐的国家，目前，日本共有 6~7 家制盐企业利用电渗析法浓缩海水制盐，总生产能力达 150 万吨/年。电渗析法之所以实现了制盐的工业化应用，是因为其在淡化海水的同时能够将海水深度浓缩，排出的浓海水中氯化钠的浓度已经达到了 200g/L，相当于将原海水浓缩了 7 倍以上，且浓海水中的杂质主要是氯化钾（7g/L 左右）、溴素（0.5g/L），其他杂质离子很少，这样的浓海水可直接进入蒸发器进行蒸发制盐。

电渗析膜是电渗析法浓缩海水的关键设备，电渗析膜的寿命一般不超过 10 年，日本企业所用的电渗析膜寿命最长的达 17 年。使用自然蒸发浓缩海水制盐的方法不但受制于气象条件，而且也决定于蒸发面积。日晒制盐占用大量的土地资源，且单位面积上的产值极低，一般说来，沿海滩晒制盐，每亩土地只能产出原盐约 5.5 吨，产值只有千元左右。随着社会的发展，电渗析法浓缩制盐技术的探索应用，是海盐企业转型升级的重要途径和契机。

消化浓海水制盐对环境保护将起到积极作用，应享受国家环保产业的政策扶植，还应被列入海水淡化工程总体项目，同等机会得到地方的政策优惠和减免产品增值税及固定资产投资方向调节税等优惠鼓励政策。

3. 液体盐输送管道施工及材质提升

液体盐的广泛应用，其运输方式成为成本构成和市场竞争力的关键因素。我国目前液体盐的主要用户是化工企业，液体盐供应 90%采用的是管道输送方式，即由制盐企业的矿山采卤区通过铺设管道，输送到化工企业指定区域。另外，还有小部分采用驳船运输或者汽车运输送达用户的方式。

液体盐输送的主流方式是管道输送，井矿盐的矿山一般处于距城市较偏远区域，而生产企业的建设需要考虑到城市配套生活设施和职工生活的便利性。所以，无论制盐企业还是化工企业对卤水的运输距离都有一定的要求。

卤水的腐蚀性对管道的使用寿命影响最大，早期的铸铁管道经常出现输卤线路"跑、冒、滴、漏"的现象，甚至严重时造成管道压力缺失，全线运输中断。

伴随新材料的研发应用，适于卤水输送的管道材料不断升级换代，从最终使用加内衬铸铁管道防腐蚀以延长使用周期，到现在广泛使用 PVC 管道，其间经历了多种输卤管研发与应用。管道施工技术的提升也提高了企业的建设和维护效率。输卤管道的距离和铺设环境地形地貌的难题都已经被攻克，其中穿山、过江超长距离的铺设周期也在逐步缩短。四川省长宁地区地处复杂的地质区域，矿山距离卤水用户距离为 150 公里。以往穿过长江是在空中架设管道，随着近年来的技术进步，已经可以采用在江底采取水下铺设的方式来实现。

"智能管道"概念的出现，给卤水输送带来了更加便利性和扩大用户范围的可能性。"智能管道"即实现管道全程的监控和自动维修，传统的输卤管线要每隔两年就进行一次线路的监测维修，采取挖开地面分段实施的方法。这种方法既影响生产进度又会造成严重浪费。今后输送液体盐采用智能管道，对制盐企业和化工企业以及新的用户都会带来可观的成本节约空间。

4. 节能措施

近年来，制盐行业在行业内开展了先进的节能减排技术推广，主要体现在能源转换系统即余热回收系统，通过改造锅炉，提高了锅炉热效率；实施变频节电技术，降低电耗；冷凝水余热回收，提高卤水预热温度；提高自动化水平，减少"跑、冒、滴、漏"现象等措施。

（1）变频节电改造技术的应用。在"十一五"期间，行业内企业分别对生产系统、辅助生产系统如风机、水泵进行了变频调速改造，以变频调节方式代替了原来的节流调节方式。截至目前，变频节电改造技术已在制盐行业全面推广，技术普及率已达到85%以上。

（2）优化生产工艺。蒸发制盐企业采用蒸发系统的改造、卤水预热器改造、循环水系统改造等工艺，提高能源利用效率，降低单位产品能源消耗。

如对制盐车间蒸发罐循环方式进行改造，稳定液位、避免短路损失，有效地降低了循环泵电流，能源消耗下降。

（3）热电及动力系统技术改造。对热电站及动力系统实施不同程度的改造措施，通过对锅炉燃烧系统、汽轮机发电系统、蒸发制盐装置冷凝水余热回收系统的技术改造，节约能源显著。如在蒸汽管网系统安装蒸汽干燥器和疏水器，有效阻止蒸汽的排放，彻底清除蒸汽携带的水滴，保证蒸汽达到饱和状态。据生产反馈，一只好的疏水器可节约标准煤 7 吨/年，每减少一只漏气超标的疏水器可节约标准煤 2.5 吨/年。

（4）自动控制系统改造。制盐行业生产自控水平迅速提高，从小型 PLC 控制系统到 DCS 集散控制系统，单套 60 万吨/年的生产线全部采用 DCS 集散控制系统，自动化水平的提高对于集成管理、工艺的优化、节能降耗、提高产品质量、提高劳动效率都带来了巨大的优势。目前，制盐自动控制系统技术普及率达到 80%以上。

二、热点地区

（一）江苏淮安

淮安市地处江苏省北部，占地面积 10,072 平方公里，人口 563 万。淮安拥有丰富的岩盐资源，高达 1,300 多亿吨的资源储量使其在全国各省市富盐地区位居前列，岩盐资源主要分布于淮安盐盆和洪泽盐盆，分布范围分别为 247 平方公里和 82 平方公里（含部分水域面积）。目前两盆地已探明储量约为 150 亿吨，伴生芒硝（主要是钙芒硝）品位在 3%~10%，探明无水芒硝储量 6 亿吨。

经过 20 余年的开发利用，现有江苏井神盐化股份有限公司、实联化工（江苏）有限公司、洪泽银珠化工集团有限公司、江苏白玫化工有限公司等主要真空制盐生产企业；江苏省盐业集团淮盐矿业有限公司、江苏石油采输卤管理处、清浦卤水厂等主要卤水生产企业；江苏井神盐化股份有限公司、安邦电化、华尔润、嘉源元明粉等主要两碱和元明粉企业。真空制盐生产能力达 800 万吨/年（含液体盐）以上、元明粉生产能力达 300 万吨/年、纯碱生产能力达 40 万吨/年、烧碱生产能力达 30 万吨/年。2014 年真空制盐产量 804 万吨（含液体盐），占全国井矿盐比重 16.67%，占全国盐产品比重 8.76%，纯碱 93 万吨、烧碱 24 万吨、元明粉 306 万吨。

2000 年以来，淮安利用丰富的地下岩盐资源，努力打造"中国新盐都"城市新品牌，打造集盐历史、精神、文化于一体的城市凝聚力；集资源、产业、企业、产品于一体的投资吸引力；集物流、信息、教育、创新平台于一体的产业服务辐射力。以传统盐化工产品的规模化建设为依托，最终实现一批新材料和精细化工产业集群，形成具有国际先进水平、国内最大的盐化工新材料生产基地以及销售超千亿元的"中国新盐都"。

1. 井神盐化

江苏井神盐化股份有限公司成立于 2009 年 12 月，下辖 12 个子（分）公司，是集科研、生产、配送、销售于一体的全国大型盐及盐化工企业，年产盐及盐化产品总量超过 500 万吨，位居行业前列。

近年来，公司充分发挥资源集聚优势，以"岩盐资源综合利用、循环经济技术创新"为核心，着力打造"盐碱钙一体化"循环经济产业发展模式，坚持内涵增长与外延扩张并举，通过实施"热电联产、盐硝联产、硝盐联产、盐碱钙联合循环生产、溶腔资源综合利用"等项目，显著降低生产成本、延长公司产业链、丰富公司产品线，提高公司资源综合利用率，同时提高了公司盈利能力和抗风险能力，具有显著的循环经济优势。公司初步形成以盐为基础、盐化工为支撑、相关业务为补充、电力和物流相配套、产品种类丰富的产业结构体系，努力打造全国盐行业中资产规模、经营规模和效益规模全面领先、具有较强核心竞争力的一流新型盐及盐化工上市企业。

2. 实联化工（江苏）有限公司

实联化工（江苏）有限公司的主要发起人是世界上五大玻璃制造业之一的台玻集团，为确保玻璃主要原料纯碱的供应，提升竞争力，充分利用淮安市丰富的地下盐矿资源，在淮安市盐化工新区建设 100 万吨/年联碱项目，项目总投资 15 亿美元，一期投资 6 亿美元，注册 4 亿美元。纯碱和氯化铵装置生产能力各为 100 万吨/年，配套 40 万吨/年合成氨装置，60,000 立方米/小时氧气空分装置和 120 万吨/年盐硝联产装置，副产 6 万吨/年芒硝，另自备汽电共生热电厂，设有 260 吨/小时高压蒸汽锅炉 4 套和抽背式发电机 5 千瓦 2 套。

3. 江苏安邦电化有限公司

江苏安邦电化有限公司创建于 1958 年，隶属中国化工集团，拥有 1,800 多名员工，占地约百万平方米。拥有自备盐矿，地下岩盐可开采面积达 1.8 平方公里，氯化钠储量 1.1 亿吨、硫酸钠储量 3,400 万吨，新建成的输卤管线可平衡烧碱产能 30 万吨。公司乙烯利和卤水冷冻脱硝全卤制碱生产工艺先后获得江苏省科技进步奖。公司产品涉及氯碱、农药、精细化工、热电四个系列 30 余种，烧碱产能 15 万吨/年，居国内同行前列。

4. 江苏省盐业集团淮盐矿业有限公司

江苏省盐业集团淮盐矿业有限公司成立于 1999 年 3 月，主要从事地下岩盐的开采销售。由其组织实施的采输卤项目与省盐业公司另一个控股企业——东泰公司负责实施的滩晒项目，形成了完整的产业链，合称为矿卤日晒制盐项目，总投资 7 亿多元，其中采输卤项目为 5.2 亿元。采输卤项目主要分为采卤矿井、输卤管线、采输卤厂站三大部分。其长达 187 公里的输卤管线，创全国同行业之最，年输卤能力达 500 万方。项目设计能力 600 万方/年，建成盐井 10 对。

5. 洪泽银珠化工集团有限公司

洪泽银珠化工集团有限公司创立于 1994 年，是江苏省重点扶持发展企业，专注于煤化工、盐化工和有机精细化工三大系列产品的开发、生产与销售。

公司主要产品及规模：元明粉 200 万吨/年、合成氨 12 万吨/年、各种浓度的硝酸 22 万吨/年、硝酸钠和亚硝酸钠 2 万吨/年、间苯二胺 6,000 吨/年、N，N–二甲基苯胺 5,000 吨/年、氯乙烷 1 万吨/年、塑料编织袋及集装袋 2,000 万套/年、工业盐 30 万吨/年、液体工业和食品级二氧化碳 5 万吨/年、N，N–二甲基间甲苯胺、N，N–二甲基邻甲苯胺、煤渣砖。公司销售网络健全，产品销往国内外近千家化工企业，并出口印度尼西亚、韩国、日本、新加坡、马来西亚、中国台湾等多个国家和地区。

6. 江苏白玫化工有限公司

江苏白玫化工有限公司成立于 2005 年 9 月，拥有职工 310 名，是一家集元明粉研发、制造、销售于一体的专业企业，固定资产总投资 2 亿元。

公司拥有近 9 平方公里的矿区面积，矿石品位高，储量丰富，保有硫酸钠储量近亿吨，生产区占地面积 5 万余平方米。主要产品为无水硫酸钠、精制盐和印染助剂。拥有国内领先的硝盐联产装置两套，元明粉系列年产量可达 60 万吨规模。

7. 江苏石油勘探局采输卤管理处

中国石化集团江苏石油勘探局采输卤管理处地处淮安市淮阴区赵集镇，成立于 2006 年 3 月，负责淮安采输卤工程投产后的生产运行和市场开发、销售，下设采输卤首站、维修站、巡线站和末站四个基层单位。

2004 年 4 月，江苏石油勘探局获得淮安市淮阴区赵集矿区庆丰矿段西段 4.56 平方公里石岩盐资源的勘探开发权，控制氯化钠储量 75,600 万吨。主要产品为氯化钠和硫酸钠，产品供给方式是管道输送。管道从淮安到连云港，全长 173.8 公里，内部防护采用无溶剂环氧涂料，是目前行业中最长的一条输卤管道。

淮安采输卤工程建设规模为：卤水采集能力 365 万方/年，卤水输送能力 365 万方/年。主要建设内容为：采卤井组 7 对；年采输卤能力 365 万方采输卤首、末站各 1 座；φ508 输卤管道 173.8 千米。利用取自洪泽湖淮沭河的河水，经净化处理后，再用注水泵增压经配水计量后压入水平连通井的注水井，溶化地层岩盐生产液体盐，借助地层的压力将液体盐从采卤井顶出，经计量后进入液体盐罐缓冲，再由输卤泵经管道输至连云港末站计量后供连云港碱厂使用。开采方法为钻井水溶开采法中定向压裂连通法，开采方式为定向压裂连通井自下而上分段多层混合开采。

淮安盐业发展历史悠久、资源丰富，盐业及盐化工具备了一定的产业基础，产能逐步增长，经济总量不断提升，随着科技创新能力的提高，企业核心竞争力不断增强，产品的产量、质量、品种、成本、节能水平居于全国领先地位。近年来，随着纯碱、烧碱行业的持续扩大，工业盐销售量不断上升，初步形成了以氯碱和纯碱为龙头，下游产品开发并存的盐化工产业格局。但是，高端产品比重较低，加工深度不够，精细化工整体规模较小；产业链条延伸不够，特别是与石油化工结合的下游精细化工和新材料化工产品较少；人才支撑急需加强，从事新型盐化工产业研究、产品开发的高层次人才尤为缺乏。

随着盐业体制改革的不断深入，淮安盐业今后的发展趋势是：企业资源整合不断加速，制盐工业亟待升级转型，摆脱技术瓶颈、着力发展高附加值的产品是企业今后主攻方向，下游联合，不同地区、不同企业差异化发展成为未来趋势，按照"资源开发—资源基础加工—精细深度加工"的发展模式，实现上、中、下游一体的产业群发展方式。

（二）河南

河南省地处中原，历史上不产盐，属纯销区。1976 年，河南省石油勘探中发现了盐矿。1988 年，化工部钾盐地质大队提交《舞阳盆地钾盐、钠盐普查评价报告》宣布发现平顶山盐田。1992 年，平顶山 30 万吨精制盐厂动工，1994 年 9 月 23 日正式投产。至此，河南省由纯销区变为产、销一体的省份。

河南省氯化钠岩盐矿主要分布在平顶山地区，盐矿位于舞阳盆地西部，西起叶县任店，东至舞阳姜店。东西长 40 公里，南北宽约 10 公里，分布面积 400 平方公里，属石膏（钙）型岩盐矿。其中叶县境内约占 3/4，舞阳境内约占 1/4。平顶山盐矿埋深 900 米以下，多达 120 层以上。累计厚度 32.5~496.35 米，单层最大厚度 28.5 米，一般厚度 4~10 米。地质远景储量 2,300 亿吨，平均品位含氯化钠 89%。

近年来，根据新公布的钻探资料，河南省濮阳市又发现了大型盐矿资源。该盐矿资源属东濮凹陷区，主要分布在濮阳、清丰、范县三县以内。盐层分布面积500平方公里，许可开采面积82.9平方公里，埋藏深度一般在2,100~4,000米，盐层叠加厚度达800~1,000米，单层厚度在7~26米，初步探明储量478.5亿吨，地质远景储量达1,440亿吨。

现阶段，河南省的盐田开发主要集中在平顶山矿区。已有企业拍卖获得的盐矿面积为18.53平方公里，储量约为42.24亿吨。拥有卤井总数70口（含双井对流、三井连通），分属13家不同投资主体。其中，平顶山境内原有制盐企业5家，通过兼并重组和新建，现有制盐企业3家，分别是中盐皓龙盐化有限公司、平顶山神鹰盐业有限责任公司和平煤集团联合盐化有限公司。中盐皓龙采矿面积1.3平方公里共拥有卤井22口，矿区总储量4.77亿吨。平顶山神鹰盐业公司采矿面积为3.08平方公里，矿区总储量12亿吨，首采区面积约0.40平方公里，拥有卤井3口。叶县境内目前还有8口卤井参与液体盐的生产供应，均为盐田开发初期经上级批准的探采结合井，分布在马庄和田庄段之内。平煤集团联合盐化有限公司获得平顶山6平方公里的采矿权，神马集团获得5.5平方公里的采矿权。

漯河市舞阳境内已探明的区块5.267平方公里，探采井6口，生产井29口，探明储量52,182.12万吨。其中，华阳矿业有限公司拥有探采井5口，已拥有采区0.37平方公里的采矿权。金大地有限公司有9口生产井，已拥有1.28平方公里的采矿权。中盐舞阳盐化有限公司拥有1口探采井，已拥有1平方公里的采矿权。

濮阳市境内盐层分布面积 500 平方公里，许可开采面积 82.9 平方公里。河南煤化集团永龙盐化有限公司现已获取 5 平方公里的采矿权，生产井 7 对，使用 3 对。

以往的开采中出现了严重的资源浪费现象。企业在建设矿区、开采盐资源及选择井位时，考虑更多的是开采成本，并不考虑资源的合理开发利用。如果卤井开采深度不合理（如企业仅仅出于资金考虑，只开采浅层岩盐）或井位布置不合理（将使部分岩盐资源无法开采到），开采不到位，势必造成盐层的丢弃。有的岩盐资源利用率仅为 20%~25%，造成了盐资源的巨大浪费。在以后的开采中需要加强管理。

河南省自 2007 年起启动了液体盐的生产供应，全省设计生产能力为 758 万标方。自 2008 年金融危机以来，由于平顶山树脂厂的停转导致了多处卤井的减产、关闭，目前现存的液体盐生产企业还有两家。其中，一家为神马盐业股份（树脂厂矿部），设计生产能力为 700 万标方/年，现实际自用量约为 350 万标方/年。另一家为华阳矿业有限公司，2014 年并入金大地盐化有限公司年产卤 40 万标方，现有产量为 20 万标方/年（属企业自用）。

现有 6 家制盐企业，目前总生产能力 620 万吨。各企业的生产能力及工艺如下：

（1）中盐皓龙 120 万吨/年真空制盐装置（两套 60 万吨/年四效蒸发工艺）。

（2）平顶山神鹰 60 万吨/年真空制盐装置（机械热压缩技术）。

（3）平煤联合盐化 120 万吨/年真空制盐装置（两套五效蒸发制盐工艺）。

（4）中盐舞阳盐化 60 万吨/年真空制盐装置（五效蒸发制盐工艺）。

（5）舞阳金大地盐化有限公司 160 万吨/年真空制盐装置（1 套 60 万吨/年四效蒸发工艺和 1 套 100 万吨/年五效真空蒸发工艺）。

（6）河南永龙化工 100 万吨/年真空制盐装置（2014 年 10 月停产）。

河南省制盐新技术现推广的是五效蒸发。

近年来，各企业为了降低成本抢占市场份额，连续不断地扩大产能，产量逐年攀升，因市场容量有限，加剧了企业间的竞争。以工业盐为例，历史工业盐销售最大值是 292.61 万吨，现河南省生产能力为 620 万吨，产能与销售之间的差值为 300 万吨左右，减去两碱企业的自用盐外，仍然是明显产大于销。企业间为了提高销售量竞相压低盐价，以达到促销的目的。此种促销方式逐步造成了市场售价低于生产成本。再加之两碱工业的萎缩，致使 2014 年停产及被迫淘汰 130 万吨产能（中盐皓龙淘汰 30 万吨，永龙化工停产 100 万吨）。

（三）山东泰安

山东泰安地区自 20 世纪 90 年代查明储量巨大的氯化钠岩盐矿后，不断有化工企业、民营单位、能源企业、地方投资者和盐业企业来开发井矿盐。为规范矿区开采秩序，合理利用矿产资源，加快地方经济发展速度，地方政府在泰安肥城郊区建立了肥城现代盐化工业园区。园区的招商引资优惠政策吸引了大批省内外的大型盐业、化工和能源企业。山东省盐业集团公司、天津渤海化工集团、鲁中能源集团公司、山东信发集团公司等投资主体在园区用于开发井矿盐项目的投资已经达到 50 亿元。

天津渤海化工集团为满足自身化工用盐需求，投入 15 亿元在泰安购买了采矿权，由其子公司海晶集团引进欧洲真空制盐技术装备，建设了两条年产 60 万吨的热压生产线。项目立项初期，由于国家对制盐建设项目的审批严格，程序烦琐，制约了项目的建设速度。设备购置合同虽已签订多年，但是制盐建设项目的审批一直未能完成。2014 年，制盐建设项目由核准制改为备案制后，制盐项目的建设才得以顺利实施。2015 年下半年项目连通试车。

山东信发集团公司投资 20 多亿元，由子公司胜利化工公司建设了两条年产 300 万吨的真空制盐项目全部采用了五效蒸发热电联产工艺，其中一套真空制盐能力达到 180 万吨/年。

鲁中能源集团公司投资 10 亿元，由子公司光明盐化公司与肥城光明岩盐公司合作建设年产 120 万吨的真空制盐项目，项目分两期先后投资建设。一期工程已经建成，采用热泵技术，形成了 60 万吨的生产能力，预留二期待建设。

山东省盐业集团公司投资 6 亿元，以山东肥城精制盐厂为依托，分别建设了三条真空制盐生产线（60 万吨/年两套，MVR 技术；3 万吨医药盐，四效真空蒸发制盐），还有专供工业盐用户和多品种盐开发的生产线。最终形成了各类用途的盐产品生产系列。

山东是我国的产盐大省，海盐产量占全国海盐总量的 75.09%。井矿盐的大力开发，已经形成的井矿盐生产能力为 500 万吨左右。

（四）陕西榆林

陕西榆林地区蕴藏着丰富的煤炭资源和岩盐资源，开发井矿盐具有得天独厚的能源支撑条件。由于多效真空蒸发制盐较其他原盐生产需要消耗大量的蒸汽和电力，一般需要建设自备发电装置，制盐生产工艺要求气电平衡。榆林地区的原煤品质好价格相对低廉，特别是近几年全国煤炭价格几乎腰斩，井矿盐生产从中受益，降低了生产成本。

榆林地区的井矿盐单位有 4 家，包括石油企业、盐业企业、新能源企业和化工企业，已经形成的制盐生产能力达到 220 万吨，在建规模 180 万吨。食盐多数在省内销售，工业盐除省内消化以外，已经延伸到内蒙古自治区和山西省。

三、新品种——矿卤日晒制盐

海盐生产需要占用大量滩涂面积，由于单位面积产值较低和生产面积逐步减少，海盐产能快速下降，在江苏省，较大海盐生产企业大多已基本退出了海盐生产，取而代之的是矿卤日晒制盐的快速兴起。

（一）江苏的矿卤日晒制盐企业发展概况

江苏矿卤日晒制盐项目主旨是发挥江苏拥有的矿卤资源和盐田资源优势，克服海盐生产周期长、土地资源利用率低和真空制盐对化石能源的依赖和高能耗等劣势，通过利用太阳能、风能等可再生能源及海盐生产 1/20 的土地面积将矿卤制成盐产品，它不仅节约能源、降低成本，同时又实现了矿卤制盐的绿色化，使制盐生产效率和可持续性大大提高，创造了良好的经济效益和社会效益，也为江苏盐业生产开辟了一条新的路径。江苏目前较大的矿卤日晒制盐企业三家，产能达 130 万吨，已远远超过江苏省现有 80 多万吨的海盐生产能力。

（二）矿卤日晒制盐的主要特点

1. 创新工艺，节能环保

矿卤日晒制盐与真空制盐相比，优势是节约能源。国内真空制盐厂一般吨盐耗煤 0.12 吨，耗电 50~60 千瓦时，而矿卤日晒制盐的吨盐仅需要耗电 5 千瓦时左右，耗能约为真空制盐的 1/17。

在生产工艺上，吸收了海盐的"新、深、长"工艺，利用自己丰富的卤源条件，充分发挥工艺特长，使生产工艺始终处在高水平、高起点上运行。在除硫工艺上，以滩地自然冷冻除硫为主、钙液除硫为辅，保证了原盐质量，实现了生产过程的绿色环保。

2. 提高单产，节约土地

矿卤日晒制盐与海水滩晒制盐相比，节约了大量土地资源。由于用于滩晒结晶的矿卤已接近饱和，无须大量土地面积用于蒸发制卤，因此矿卤日晒制盐节约了大量土地面积，矿卤日晒单产1,000 吨/公顷·年，而海盐仅为 50 吨/公顷·年，前者总面积仅为后者的 1/20。

3. 上佳的产品质量和主要生产企业

作为工业盐，矿卤日晒盐在粒度方面优于真空盐，且不加抗结剂。在 Ca^{2+}、Mg^{2+}、不溶物方面均优于海盐和湖盐。主要有以下生产企业：

（1）江苏淮盐矿业有限公司。江苏淮盐矿业有限公司是江苏井神盐化股份有限公司的全资子公司，年产销卤水 600 万方。公司拥有矿山、管道、首站三大主要资产，其中管道跨越淮安、盐城、连云港三市的五个县区，全长 187 公里，是全国最长的盐卤输送管道，全线采用 SCADA 保护系统。通过管道将高浓度卤水输送至下游产业基地进行日晒制盐，开创了优质矿卤与海盐传统生产工艺结合的全新生产模式。年采输卤设计能力达 600 万方，年可实现利税 5,000 万元。

（2）江苏瑞泰盐业有限公司。江苏瑞泰盐业有限公司是江苏井神盐化股份有限公司的子公司，下辖 2 个固体盐场。公司地处盐城市响水县陈家港镇境内，占地面积 1 万亩。公司实施的矿卤日晒制盐项目，总投资 2.2 亿元，2009 年建成投产，年产能达 55 万吨。其主要生产工艺是利用淮安地区管道输送的近饱和矿卤，借鉴海盐生产的主体工艺，日晒生产优质原盐。矿卤日晒制盐实现了低碳、清洁、高效生产，开创了盐业生产新模式。

（3）连云港金桥日晒制盐公司，地处连云港市灌云县灌西盐场境内，与江苏瑞泰共同使用淮盐矿业卤水，同样的生产方式，2010 年建成投产，投资约 1.3 亿元，设计生产能力为 50 万吨，2014 年产能已扩展达 60 万吨，公司按照现代企业制度运作和管理，建立了严密高效的组织模式和运行机制，采用机械化、全塑化生产，减轻劳动负荷，提高劳动生产率，形成集约化生产方式，公司创新利用独特的钙液除硫工艺，有效提高原盐质量和单产，原盐氯化钠含量平均达到 96% 以上。公司年产能已经达到 65 万吨。

2012~2014 年江苏矿卤日晒企业产量如表 4-1 所示。

表 4-1　2012~2014 年江苏矿卤日晒企业产量

单位：万吨

单位	2012 年	2013 年	2014 年
瑞泰	53.32	56.05	56.17
金桥	49.96	60.18	59.39
银宝	10.00	10.00	10.00
台北	5.00	5.00	5.00
合计	118.28	131.23	130.56

加工后作为食盐在微量元素方面符合绿色食品盐各项指标。

矿卤日晒盐近几年的质量已平均达到 GB/T5462–2003 优级盐标准。原盐质量如表 4–2 所示。

表 4–2　原盐质量

品种	NaCl	Na_2SO_4	$CaSO_4$	$MgSO_4$	H_2O	pH
原盐	96~96.5	0.3~0.5	0.1~0.3	< 0.03	< 3.0	—

（三）矿卤日晒制盐未来展望

矿卤日晒制盐，在江苏已经成为成熟的规模化原盐生产方式，近年来产量不断提升，它提高了原盐的劳动生产率和土地资源效益，符合国家低碳、绿色、环保的产业政策。随着江苏、山东、河北等国内井矿盐资源的大规模开采，以现有盐田为基础的矿卤日晒制盐将得到较快的发展。

第五章 相关政策出台及影响

1. 取消制盐建设项目审批制，食盐定点生产企业审批权下放到省级盐业主管部门

2014年2月12日，国务院公布了第三次取消和下放行政审批事项82项的决定，其中涉及盐业的有两项：一是取消了原来由工业和信息化部负责制盐建设项目的审批；二是原来由工业和信息化部负责食盐定点生产企业的审批下放到省级人民政府的盐业主管部门。

改革开放初期，我国制盐建设项目由政府拨款逐步改为银行贷款。由此引发了扩建制盐项目的热潮，但所有的制盐项目必须按照不同规模分别由国家主管部门或者地方主管部门批准立项，经过严格的基本建设程序后方可得到银行的贷款额度。进入21世纪后，随着我国金融行业的发展，企业融资呈现多元化渠道，企业为筹集建设资金可采取多种方式。制盐建设项目的审批流程也做出了相应调整，由审批制调整为备案制，制盐项目建设的环境更加宽松。建设项目业主处于完全的市场环境中，需要准确地判断盐业市场运行走势，增强产品的竞争力，早日获得项目的投资回报。

食盐定点生产企业的审批经历了由国家发展和改革委员会及工业和信息化部的审批过程。工业和信息化部审批的 2012~2015 年全国食盐定点生产企业名单成为最后一批由国家盐业主管部门审批的食盐定点生产企业。自 2016 年开始，各省盐业主管部门将履行本地区食盐定点生产企业的审批和监管任务。

2. 食盐批发许可证和食盐定点生产企业证书有效期延长 3 年

2015 年 12 月 28 日，工业和信息化部发出紧急通知，对 2012~2015 年为期 3 年的食盐批发许可证和食盐定点生产企业证书的有效期延长到 2018 年 12 月 31 日。

现有的定点企业在有效期延长的 3 年时间内，可充分调整企业内部的产品品种结构和质量，根据市场需求做好应对准备。

3. 放开小工业盐价格

2014 年 6 月 13 日，国家发展和改革委员会发出通知，要求地方政府放开种子、桑蚕、小工业盐的价格，由市场进行调节。同时强调，要强化市场价格的监测监管，维护正常的市场秩序，保障市场主体的合法权益。

小工业盐是行业内的俗称，是指纯碱和烧碱用盐以外的工业用盐。主要用途有锅炉软化水、造纸、钢铁冶炼、皮革加工、矿山开采、有色金属加工等。目前，我国小工业盐的消耗量大约为

300万吨，各级盐业批发企业承担主渠道销售任务。价格放开后，引入市场竞争机制，会给各级盐业批发企业带来冲击。制盐企业和用户的对接会打破原有的小工业盐供货渠道，用户的选择范围更加广泛。盐业批发企业要以优质的服务和比较价格优势维护原有的客户群体，用积极的心态主动参与市场竞争。

4. 废止《食盐专营许可证管理办法》

2014年4月21日，国家发展和改革委员会发布了第10号令，决定废止《食盐专营许可证管理办法》。新政策出台后引发了行业内外的震动，一些机构和消费者误认为是废止了食盐专营。随之而来市场供应环节做出反应，计划外的食盐大量涌入，影响了食盐定点生产企业和批发的计划执行。部分地区出现了劣质盐进入流通环节，损害了广大消费者权益。

5. 取消国家年度食盐生产计划

2015年5月14日，国务院公布了《关于取消非行政许可审批事项的决定》，取消了49项行政审批事项，其中包括食盐生产限额年度计划审批，即不再审批食盐定点生产企业的食盐年度生产计划和调出计划。

从2016年起，各定点食盐生产企业可根据企业生产条件和食盐市场供求关系等因素自行决定食盐生产加工进度和产量。

6. 食用盐国家新标准出台

2015年9月22日，国家卫生和计划生育委员会发布了GB 2721-2015《食品安全国家标准——食用盐》。新标准将替代原

GB 2721-2003《国家标准——食用盐卫生标准》，新标准于 2016 年 9 月 22 日实施。

新标准对接了国家食品安全标准，对规范食盐生产企业和食盐批发销售企业的关系、切实维护消费者的利益、保证食盐安全具有重大作用。盐业生产企业和批发销售企业都要认真宣传贯彻、深刻领会新标准，同时做好新旧标准的过渡和衔接。

7. 国务院食品安全委员会要求协调做好食盐监管工作

2015 年 9 月 1 日，国务院食品安全委员会以"食安办〔2015〕15 号文件"下发通知，要求各省、自治区、直辖市食品安全办公室高度关注 2015 年以来一些地方制售假冒食盐的问题。此前一些含有有毒物质、重金属超标的假食盐流入市场，带来严重的安全隐患，引起了国务院领导的高度重视。要求严厉打击制贩假食盐的行为，确保食盐安全，维护消费者的利益，并做出了加强食盐监管的指导意见。

各地食品安全办公室高度重视，采取了多项措施，积极配合盐务管理部门加大执法力度，对制贩假冒食盐行为依法严惩，为净化食盐市场起到了重要作用。

8. 国家发展和改革委员会公布新版《中央定价目录》，食盐价格暂时不放开

2015 年 10 月 21 日，国家发展和改革委员会（2015 第 29 号令）公布了经国务院批准重新修订的《中央定价目录》，新版目录于 2016 年 1 月 1 日起实行。其中明确，食盐价格暂时按现行价格，视盐业体制改革进展适时放开。食盐价格仍然实行国家定价。盐业企业依然要严格执行国家规定的食盐价格形成机制。

国务院近日发布了《关于推进价格机制改革的若干意见》，要求推动价格改革向纵深发展，加快完善主要由市场决定价格机制。到目前为止，我国97%以上的商品和服务价格已经由市场来形成。中央政府定价范围缩减幅度达到80%。食盐是广大消费者的基础消费产品，依赖市场定价机制的客观条件尚未完全具备，因此，食盐价格目前阶段仍需政府的有效管控。

第六章　战略机遇及预测展望

一、战略机遇

1. 产品创新战略机遇

食盐正在从普通味觉载体向营养及保健载体转变。千百年来食盐作为人们日常不可缺少的调味品，在千家万户的消费中只占有微不足道的比重。尽管当今社会已经倡导健康、安全的食品消费理念，尽管盐业公司在一线、二线城市和部分三线城市供应了少量的区别于普通食盐的"多品种食盐"，但销售量持续徘徊在食盐总销量的 10% 以内。一方面，消费者的消费理念和保健意识尚待开发；另一方面，从供给侧而言提供给市场的品种，包括产品的定位、内在质量、外在包装以及营销策略、宣传推广等方面都需要不断强化。在食盐专营体制下，按计划独家批发销售普通的加碘食盐，保证市场供应就可获得基本额定的盈利保障。盐业经营主体对于开发推广新产品、推进市场供应的动力不足，而业外开发的新产品又难以快速进入食盐流通环节。

在面对盐业体制改革的当下，打破现状，引入市场竞争机制是大势所趋。竞争也是动力，盐业贴近消费市场，要了解食盐供应渠道，自主开发或者采用合作模式，大力开发食盐的新品种，以引导消费，提升消费能力，占领食盐的供应优势地位。

拉开消费档次，增加食盐品种，培育知名食盐品牌具有产品创新的巨大空间。我国目前缺乏享誉全国的食盐品牌，作为人口大国，食盐消费量达到 780 万吨，这是任何国家都难以匹敌的。中国食盐市场巨大的规模和潜力已经被境外的企业垂涎，通过各种渠道流入国内的高端食盐不时出现。上海某大型商场上架经销的境外某知名品牌食盐被上海市盐政管理部门以食盐专营为由责令下架。数月后，因消费者需求旺盛，商场又重新将进口食盐上架销售。

市场的需求是多元化的，要紧贴市场开发出适应不同消费水平、不同消费群体的各档次的食盐，满足不同层次的市场需求，以获得提高附加值和增值服务产生的企业利益。

工业盐市场是维持和制约制盐企业发展的主体市场。目前我国原盐生产能力达到 1 亿吨，2014 年原盐产量 9,182.05 万吨，2014 年进口工业盐 740 万吨。工业盐的需求量 6,900 万吨，食盐消费数量基本在 780 万~820 万吨，出口原盐消费量逐渐萎缩，可保持在 140 万吨，加之其他原盐消费 150 万吨，因此，大部分的市场集中在工业盐。我国制盐企业面临国内同行业和境外进口盐的双重压力。工业盐是制盐企业的主战场之一，紧跟纯碱和烧碱的工艺调整改进，为化工生产提供质量和价格适宜的工业盐产品，维持原盐供应链条，形成战略合作伙伴关系，是制盐企业在市场竞争环境中必须采取的重要战略性举措。两碱产业在国家提高准入条件和节能减排的压力下，开展了产业升级，工艺有所创新和突破。新工艺对装备和原料盐都提出了新的要求：一是在氯化钠含纯方面的要求提高。两碱工业消耗大量的原盐，海盐、湖盐含氯化钠 93%~96%，其余是钙镁离子及水分和水不溶场。井矿盐的氯化钠含纯高于海盐和湖盐 99% 以上（干基），其余产品是水分。两碱生产需要高含量的氯化钠，经过各环节的工艺化学和物理反应制得纯碱和烧碱产品。二是对机器设备的要求提高。原盐含杂质越高，制碱工艺的消耗越高，对设备的损耗越加严重，同时产生的废料也越多。制碱企业不断提高对原料盐的质量要求，依照国外先进制碱装置的经验，使用优质原料盐，可减少生产过程中精制剂的用量，降低设备的投资，提高反应膜的效率，降低螯合树脂的消耗，缩减排放盐泥数量，减轻环保压力，因为两碱生产尾部产出的"盐泥"已经成为制碱企业造成环境污染的"老大难"问题。提高工业盐质量，对盐碱双方是合作共赢的举措。进口盐的大举进入就预示着化工企业在性价比甄选后，对国内原盐供应的期待。

制盐企业要有针对性地开发研制工业用盐，如开发按照制碱工艺的改善要求和环境保护要求的专用盐具有广阔的市场前景。同时要对"全卤"制碱工艺加以关注，从技术角度的理论分析，制碱改用全卤方式可大幅度降低生产成本。工业盐原料节省了真空蒸发多个工艺程序，直接利用地下岩盐加压注水即可成为原料。目前全卤制碱在一些企业的中试取得成功，作为大规模推广还需要进一步完善。液体盐制碱的逐年上升趋势也印证了制碱工艺技术快速升级换代的速度。1999 年，我国采用液体盐制碱的数量仅为 64.32 万吨，到 2014 年已经增长到 807.57 万吨。

工业盐作为化工行业的重要大宗原料，也需要创立品牌，与化工产业协调同步开发，加强行业的沟通，更好地适应市场需求，共同应对进口盐的冲击。

融雪盐市场前景广阔。由于社会经济发展和国民对政府公用事业的要求，道路除冰融雪将是巨大的民生需求。我国地域辽阔，南方部分地区和北方大部分地区，冬季要保持道路畅通，都有除冰融雪的任务。使用融雪盐是最佳的除冰融雪的有效方式。盐行业具有得天独厚研发、生产融雪剂的优势。

我国尚未普及使用融雪盐。一般大中城市的主干道在冬季降雪期间会使用一定数量的融雪剂，高速路使用融雪剂的比例不足50%，全国融雪盐的年消耗量在 50 万吨左右。美国年消耗融雪盐800 万吨，融雪盐的品种有 100 多个，适用于不同道路、不同目的，如有专门用于高速路融雪、融冰的，用于机场跑道的，用于居民社区小路的，用于飞机机身的，用于汽车车厢的。目前，我国融雪盐的品种单一，未以细分用户的不同需求来设计、生产有针对性的个性化专用融雪盐产品。

其他多种用途的品种盐也在开发阶段，尚未形成大规模的供应和消费。广大消费者对各类品种盐的需求和认可还有很大的潜力可以继续挖掘。

2. 工艺创新和技术装备的战略机遇

工业 4.0 和"中国制造 2025"战略的实施，成为创新驱动、带动我国制造业整体水平快速提升的内在动力。制盐技术装备和工艺也会得到进一步的推进。我国井矿盐产能的大规模扩张，对装备的技术要求不断提高，随之而来的是工艺技术的改造。

目前，新上项目都以世界领先的新技术和工艺为参照，摒弃了传统落后的工艺，以资源综合利用、环境友好、节能减排的新理念贯穿于建设项目的全过程。海盐生产的苦卤排放减少了70%，综合利用，变废为宝，减少了产盐尾液排入大海而造成对海洋的污染，同时开发利用了苦卤中的钙、镁、钾等有效化学成分，提高了企业效益和社会效益。湖盐工艺近年也在调整优化，开发再结晶产品，利用盐湖的盐碱环境特性生产盐藻类产品，利用生物方式与传统的生产原盐工艺相结合，提高了劳动效率和产品质量。

制造业降低成本的有效途径之一是减少人工用量，传统制造业采取人海战术，在用工成本普遍增加的情况下，制造业企业不得不考虑减员问题。工业企业采用自动化生产线、使用机器人，较使用人工能够大幅度提高劳动效率和降低制造成本。发达国家流行的"黑灯工厂"已经向发展中国家蔓延（"黑灯工厂"——企业大幅度减少用工数量，流水线采用自动化控制，工厂只需少量人员巡检）。这样车间就不必考虑照明、供暖、制冷等设施设备，达到了降低成本的目的。我国井矿盐制盐企业劳动生产率较低，新建的企业采用了新工艺和新装备，自动化程度高，车间的定员比老企业减少了60%。企业的技术改造，通过产品和工艺的改进会对企业管理带来根本性的转变。

3. 国际融合战略机遇

长期以来，盐业以满足内需为主。随着国内市场饱和，盐业"走出去"将成为新的战略发展机遇。特别是国家"一带一路"战略及国际优势产能合作战略，为盐业"走出去"指明了国际产业融合的战略路径。

"一带一路"战略是党中央应对全球形势深刻变化，统筹国内国际两个大局做出的重大决策，盐业企业要主动适应经济发展新常态，调整企业的经营战略，培育和发展新的竞争优势。"一带一路"区域范围内64个国家和地区的人口数量超过了全球人口的60%，工业、农业、贸易和投资占全球的40%，GDP接近全球的30%，这一地区的经济增长率极具潜力，是全球经济最活跃的区域板块。为促进国内行业和企业参与"一带一路"的发展之中，国家会加大相关的政策扶持力度，在涉外税收、投资方面已经酝酿了配套的政策。盐业企业要抓住机遇，挖掘这一区域潜在的市场和商机，拓展出新的行业发展空间。

制盐行业沿着"一带一路""走出去"的战略意义包含以下四个方面：

（1）"一带一路"的国家和地区对中国制盐产品有着很大的市场需求。据海关统计，2014年我国出口盐产品到"一带一路"沿线国家和地区的数量占全部出口盐的比例达到62.34%；比2013年出口到"一带一路"沿线国家和地区的数量同比增长了5.67%。2014年我国从"一带一路"区域国家和地区进口原盐的数量占全部进口原盐的比重是42.4%，同比增长6.26%。"一带一路"沿线国家与我国在盐产品的贸易中具有相当合作潜力，部分东南亚、西亚、北非、中亚的国家和地区对我国制盐产品的需求呈逐步上升趋势。南亚国家对我国的出口盐总量近年大幅度增长，针对我国工业盐市场实行了定制化生产供应渠道，为扩大贸易量打下了坚实的基础。

（2）"一带一路"沿线国家和地区对中国制盐技术和装备有很大的市场需求。"一带一路"区域内多属于发展中国家，一些国家对发展当地的盐业有着迫切的愿望，特别是一些盐业资源比较丰富的国家和地区。学习引进中国的制盐技术和装备，是加快当地产业发展，进而带动经济发展的一个便捷之路。我国是世界第一产盐大国，海盐和井矿盐的总产量在世界首屈一指，且在工艺技术方面有着传统产业的历史经验积累，同时井矿盐近年跨越式增长，装备的规模化制造和实际应用方面已经站在国际前沿。早在20世纪90年代和21世纪初期，中国盐业就已经和泰国、埃及、沙特阿拉伯等国家和地区在原盐生产、设备制造等方面进行了技术输出，中国盐业总公司曾经应邀派出大批技术人员协助泰国等地区建设了制盐企业，取得了良好的效果和口碑。至今仍然进行着技术交流和贸易活动。中国制盐技术和装备业积极追随国家"一带一路"战略，有着良好的发展前景。

（3）制盐产业沿着"一带一路""走出去"，是化解过剩产能、促进行业健康发展的内在要求。近年来，我国制盐行业每年新增固定投资额逐年增长，2014年新增投资12.2亿元。但是，2014年的盈利较2013年不升反降，其主要原因是产能过剩使得项目开工率不足，投资沉淀未能发挥出效益。

（4）随着国家"一带一路"战略实施，我国制盐和装备企业"走出去"，对缓解当前产业过剩有着重要意义。食盐的消费数量与人口数量有一定的比例关系，增幅微小；工业盐是盐业最大的消费市场，但下游化工产业疲弱态势在近年难以扭转；其他的消费群体还在市场的培育之中，难以得到快速增长。国内原盐的巨大生产能力在境内的消化是不可承受的。与此同时，"走出去"也是构建全球制盐产业高端价值链，以及国际盐产业新秩序的一个重要内容。我国虽然原盐生产快速增加，产量世界第一，但是在产业发展质量、技术装备水平、工艺水平、管理水平和能耗成本等方面与发达国家还有一定的距离。相信随着国家战略推进，制盐行业能够把握住这一重大历史机遇，为中国制盐业乃至全球制盐业的健康发展做出积极的贡献。

二、预测与展望

（一）盐业体制改革

盐业体制改革的大方向已经确定，引入竞争机制不可避免。但是，我国人口众多，食盐消费量巨大，盐业产能过剩，进口盐等因素将导致食盐市场成为盐业竞争的重要战场。

竞争压力会产生动力和市场机会。目前，我国食盐市场缺乏市场细分和商品的差异化经营方略，盐业企业多年来力图改变食盐品种单一的供应局面。但是，由于缺乏市场的紧迫性，研发、推广新产品的主动性和迫切性不及其他行业。

今后，面对均衡有限的食盐需求量，谁能主动出击，抢战市场先机，注重培育市场，用独特、优质、信誉度高的产品赢得市场，谁就能成为赢家。食盐供应首先要满足民众对基本品种和数量的要求。随着消费水平的提高，各类差异化的需求也会不断提升。在打破原有食盐市场格局之后，政府也需要摸索对食盐市场监管的有效手段。

今后食盐品种的推陈出新和升级换代将成为常态，在保证食盐基本品种市场供应的前提下，企业更加注重高附加值品种的推广。食盐的附加值和销售半径呈正比例关系，即食盐的附加值越高，销售的距离越远。同行业竞争也会推动食盐产品不断丰富，地产食盐一般只能作为普通基础食盐就地、就近满足市场供应，长距离运输的成本削弱了非本地企业的竞争优势。企业的盈利空间被挤压到多品种食盐，核心竞争力集中反映在跨地域占领食盐市场份额。

预计我国目前大部分以行政区划的盐业经营主体将面临很大的冲击和挑战，具备资格的盐业法人企业都可以以平等的身份进入食盐市场。竞争的结果就是能者更强，无关乎行政区域关系。跨区域的联合、重组、兼并将会大量出现。

（二）井矿盐生产能力持续增长，原盐市场饱和竞争加剧

我国原盐产能的增长主要集中在井矿盐地区，海盐呈现总体生产面积持续减少、产能不断下降的趋势，湖盐的产能维持平稳状态。

2015 年，我国原盐生产能力达到 11,500 万吨，其中井矿盐能力 5,200 万吨，占全部原盐产能的半壁江山。今后原盐的增长主要来自占比最大的井矿盐。我国岩盐保有储量丰富，分布区域广泛，截至目前，已有 14 个省份发现了岩盐储量。随着我国井矿盐

生产技术、工艺、装备水平突破性的发展，消化吸收国际先进水平制盐装置的制造能力大幅提升，井矿盐建设项目的投资门槛不断降低，项目投资政策逐渐宽松，吸引了各方面的投资者，新建、在建的井矿盐项目数量和设计规模激增。

准备新建、在建、试车投产的井矿盐项目：宁夏固原 100 万吨已经投产；山东泰安 5 个项目，在建规模 400 万吨，预计 1~2 年内投产，已经于 2015 年试车建设项目 2 个，年生产能力各 120 万吨；河南平顶山 120 万吨；陕西榆林 2 个建设项目，设计能力分别为 100 万吨、120 万吨；江西 80 万吨；云南试车 80 万吨、施工中 10 万吨。河北宁晋制盐项目已完成矿山建设和卤水管道铺设。以上合计规模超过 1,200 万吨。建设项目有时会存在一些不确定性因素，投融资及设备制造、安装试车等环节都有可能出现衔接问题而影响施工进度，造成不能如期投产。但以上所列项目，至少可形成 1,000 万吨的生产能力，将改变我国井矿盐的生产格局。

预计盐业的重要下游产业——两碱化工的产能增速放缓。受全球经济环境的影响和国家强制淘汰落后产能的规定，两碱工业的设备开工率逐年下降。用盐的需求增长依然缓慢，工业盐市场的竞争随着新增产能的释放会出现更加激烈的趋势。长期看来，工业盐价格将持续在低位徘徊，井矿盐开工率进一步降低，库存压力加剧。

（三）盐业企业发展空间改变，产业融合步伐加快

2016 年是"十三五"计划的开局之年，我国正处于深入推进创新、协调、绿色、开放共享发展的关键时期，经济发展进入新常态，经济保持中高速增长，产业迈向中高端水平。中央经济工作会议提出我国经济发展的基本面好，潜力大、韧性强、回旋余地大，同时也面临着很多困难和挑战，特别是结构性产能过剩比较严重。

盐业产能过剩问题也要面临结构性调整的阵痛，一部分不适应竞争的制盐产能要被淘汰出局。

国家推进供给侧结构性改革是适应经济新常态的必然要求，是培育经济发展新动力的手段之一，相应配套激发实体经济的鼓励政策会陆续跟进。近期出台的对制造业的普惠性优惠政策有：降低电价、降低企业融资成本，制盐企业普遍存在的税负过重问题有望得到缓解。海盐和湖盐企业由于生产特征带来的增值税抵扣过低、资源税费占企业成本过高问题以及井矿盐企业自备电站并网和用电重复纳税问题有望得到解决，有关方已经向国务院提出了对企业实行纳税总量控制的建议。企业税负过重问题还表现在部分地区税务部门要求企业提前纳税，有的企业已经提前缴纳了 2018 年的税费，给企业的经营活动带来极大的资金压力。为促进供给侧结构性调整的积极性，据悉国家有关部门正在研究制定"消费品工业创新提升活动基金"鼓励政策，盐业企业可加以关

注，利用优惠政策为企业发展助力。食盐作为最广泛应用的消费品，具有开发创新的市场前景，具备获得基金扶持的条件。

国务院《关于深化国有企业改革指导意见》和《国有企业发展混合所有制经济》等纲领性文件的出台，标志着国有企业改革进入新的时间窗口。盐业企业已经有所动作，2015年8月28日，湖北盐业集团有限公司、广东盐业有限公司、新都化工股份有限公司、云梦三晶联合成立了湖北广盐蓝天盐化有限公司。公司是湖北省盐业引入战略投资者，实行股权多元化改革，推进混合所有制改革的实践。新公司有利于发挥湖北本地的传统制盐生产优势、广东的市场优势、新都化工的机制优势；江西盐业集团公司作为江西省混合所有制改革试点将以增资扩股的方式吸引战略投资者，给予骨干员工一定比例参股，江西省国有资产监督管理委员会保持相对控股，在保证国有资本安全的前提下激活了企业的经营活力。

信息技术和互联网的发展，前所未有地拉近了企业与消费者之间的距离。引发了企业组织、市场竞争、产业发展等多方面的变革。展望未来，产业融合、产融结合、跨界竞争、跨界合作将更加普遍化。企业面临的竞争形势更加复杂，对于传统行业是一次转型升级的重大挑战。盐业多年来维系着较完整的行业运行体系，自计划经济体制到改革开放时期依然实行的是食盐专营政策，盐业行业的生产、批发销售、项目建设、食盐价格都有国家计划的约束。在行业内部形成了比较封闭的经济循环模式，生产企业、批发企业的利益分配在体系内进行，成本上涨因素无法在市场消化，造成行业内产销利益矛盾重重。纵观几十年的行业发展历史，产大于销时，批发企业掌握主动；产不敷销时，生产企业拥有更多的话语权。

盐业产销的行业体系形成了盐业产业。产业发展具有不同时期的历史特征，生产要素水平的高低和产业质量呈正比例关系。在某个特定时期，新要素的进入或者原有要素自身质量的提高，会产生新的产业形态，企业强则产业强。我国盐业产业即将迎来新要素进入和自身提高要素水平阶段。原有的产业格局将逐渐被打破，新产业要素的进入一定会带来产业形态重新调整。国有企业改革、混合所有制的推进、企业融资渠道的拓展，都可能引起盐业企业主业的调整和整合。盐业靠单一形态生存发展的空间正在改变。

盐业公司的生存发展不仅是依靠开展非盐商品经营来应对市场的冲击。过往几年来的实践和探索都证明，在原有经营模式和框架体系下，在批发销售食盐的渠道上搭载一些非盐商品并不能获得相应的收益。由此引发了盐业对自身生存发展的反思和行动。当前，盐业的跨界合作、融合、竞争趋势正处在启动阶段，预计随着市场竞争和盐业体制改革进程的推进，这一趋势将进一步加快。吉林省是食盐的纯销区，所有用盐都要从外省购进。为掌握经营的主动权，吉林省盐业集团有限公司与新都化工股份有限公司联合在辽宁营口准备建设海盐生产基地；天津长芦盐业总公司与中核集团合作，开发新型化工材料，投入资金 130 亿元，在天津南港化工园区开发新产品和物流产业；江苏银宝控股有限公司走出了以盐为主的传统产业模式，以投资为纽带实现了以农业为主导产业，盐业和水产养殖、仓储物流为辅的综合发展产业体系，由传统单一的盐业经营模式转化为相关产业融合的跨界经营模式。

在将来不远的时期内，跨地区跨行业各类新型的盐业产业集团和集群将不断涌现，盐业不一定以主业形态起到支撑作用，但依然会以一种重要的产品和商品门类存在。

（四）原盐进出口数量均小幅度下降

世界贸易总额增幅仅为 3%，全球整体贸易的萎靡状态很快得到改观。我国原盐出口价格不断走低，出口盐已几乎无利润空间，出口盐价格制约了出口企业的积极性。预计 2016 年原盐出口量维持在 120 万~140 万吨。

原盐进口量在 2013 年达到 764.52 万吨的峰值后小幅回落，主要原因是国内原盐降低价格与进口盐竞争。在产能过剩、库存积压严重的情况下，降价销售是唯一途径。进口盐集中的澳大利亚、印度和墨西哥三个国家虽然原盐生产成本较低，但需要经过长距离的海上运输，时间周期风险和运输成本都成为与国内原盐竞争的不利因素。预测 2016 年原盐进口量为 650 万~700 万吨。

（五）原盐产量

原盐的产量结构比例依次是井矿盐、海盐和湖盐。

井矿盐成为我国原盐的主导力量，占全部原盐产量的 52.52%。新建井矿盐项目的投产，使产能快速增长。但是，由于市场因素导致井矿盐企业设备开工率不足，产能释放遇阻。预计 2016 年井矿盐产量为 5,100 万吨左右。

海盐生产主要集中在北方地区，山东、河北、天津、辽宁。如无重大灾害性天气，正常年景的产量为 3,100 万吨左右。

湖盐生产视市场供应情况平稳产出，青海省的湖盐产量占全部湖盐产量的 60%，其次是新疆维吾尔自治区和内蒙古自治区。因运输距离问题，湖盐产量的增长主要由本地区需求的增长来决定。预计 2016 年湖盐产量为 1,300 万吨。

第七章　2014 年盐业统计数据

表 7–1　原盐分品种产量

单位：万吨

产区	合计	海盐	井矿盐		湖盐
			合计	其中：液体盐	
全国合计	9,182.05	3,085.30	4,822.79	807.57	1,273.95
辽宁	128.68	128.68	0.00	0.00	0.00
山东	2,745.53	2,316.59	428.94	95.68	0.00
河北	336.27	336.27	0.00	0.00	0.00
天津	161.14	161.14	0.00	0.00	0.00
江苏	1,539.51	81.36	1,458.14	425.10	0.00
浙江	8.86	8.86	0.00	0.00	0.00
福建	38.11	38.11	0.00	0.00	0.00
广东	128.41	8.41	120.00	120.00	0.00
广西	0.57	0.57	0.00	0.00	0.00
海南	5.31	5.31	0.00	0.00	0.00
重庆	295.83	0.00	295.83	35.00	0.00
四川	337.41	0.00	337.41	43.87	0.00

续表

产区	合计	海盐	井矿盐		湖盐
			合计	其中：液体盐	
云南	125.28	0.00	125.28	0.00	0.00
湖北	623.57	0.00	623.57	28.45	0.00
湖南	279.83	0.00	279.83	4.47	—
江西	353.91	0.00	353.91	0.00	0.00
安徽	195.14	0.00	195.14	0.00	0.00
河南	403.97	0.00	403.97	0.00	0.00
内蒙古	185.13	0.00	0.00	0.00	185.13
陕西	203.77	0.00	185.57	55.00	18.20
甘肃	18.10	0.00	15.20	0.00	2.90
青海	769.08	0.00	0.00	0.00	769.08
新疆	298.64	0.00	0.00	0.00	298.64

表 7–2 加工盐 、多品种盐产量

单位：万吨

产区	海湖精制盐	粉洗盐	多品种盐		
			合计	多品种食盐	其他用途盐
全国合计	97.47	33.49	152.47	136.44	16.05
辽宁	13.89	9.68	5.04	4.57	0.67
山东	61.12	7.55	29.94	29.27	0.67
河北	0.00	0.00	3.46	2.00	1.46
天津	0.00	0.00	0.42	0.29	0.13
江苏	5.17	5.10	32.28	25.12	7.16
浙江	0.00	0.00	0.84	0.80	0.04
福建	0.00	0.00	0.20	0.14	0.06

续表

产区	海湖精制盐	粉洗盐	多品种盐		
			合计	多品种食盐	其他用途盐
广东	0.00	0.00	6.21	6.21	0.03
广西	0.00	0.00	0.25	0.23	0.02
海南	0.00	0.00	0.96	0.90	0.06
重庆	0.00	0.00	5.07	5.04	0.03
四川	0.00	0.00	11.14	11.09	0.05
云南	0.00	0.00	14.18	11.96	1.22
湖北	0.00	0.00	15.56	11.31	3.25
湖南	0.00	0.00	7.21	6.92	0.29
江西	0.00	0.00	10.73	10.71	0.02
安徽	0.00	0.00	0.31	0.25	0.06
河南	0.00	0.00	5.98	5.91	0.07
内蒙古	2.20	2.39	3.48	2.90	0.58
陕西	0.00	0.00	0.11	0.09	0.01
甘肃	0.00	0.00	0.09	0.05	0.04
青海	4.06	8.77	0.12	0.07	0.05
新疆	11.03	0.00	0.69	0.61	0.08

表 7-3　制盐工业企业（法人单位）数

单位：个

地　区	制盐工业企业数（按能力）				
	合计	60万吨以上	30万~60万吨	10万~30万吨	10万吨以下
全国合计	283	54	71	40	118
辽宁	18	1	—	4	13
山东	92	14	52	10	16
河北	21	1	3	2	15
天津	4	1	1	—	2
江苏	12	4	4	4	—
浙江	20	—	—	—	20
福建	24	—	—	4	20
广东	3	—	—	—	3
广西	2	—	—	—	2
海南	3	—	—	1	2
重庆	3	1	2	—	—
四川	14	6	1	3	4
云南	6	1	2	2	1
湖北	10	7	2	1	—
湖南	3	2	—	—	1
江西	4	3	1	—	—
安徽	2	2	—	—	—
河南	8	8	—	—	—
内蒙古	4	1	1	1	1
陕西	2	—	1	1	—
甘肃	2	—	—	1	1
青海	14	1	1	3	9
新疆	12	1	—	3	8

表 7-4　盐业批发企业数及从业人员情况

地　区	批发企业数（个）	转（代）批企业数（个）	年均从业人员（人）
全国合计	2,130	2,066	70,128
北京	15	20	321
天津	3	5	229
河北	166	12	3,933
山西	22	—	1,071
内蒙古	96	22	2,081
辽宁	58	47	1,857
吉林	46	—	2,027
黑龙江	75	93	2,484
上海	5	—	246
江苏	23	1	2,757
浙江	82	—	2,478
安徽	17	—	7,245
福建	9	—	671
江西	48	—	1,182
山东	141	5	6,712
河南	161	28	14,500
湖北	126	—	2,453
湖南	104	—	2,154
广东	138	—	2,146
广西	32	1	746
海南	11	17	224
重庆	32	—	1,140
四川	267	1,055	2,881
贵州	81	—	1,224
云南	15	98	383
陕西	107	4	2,978
甘肃	111	546	1,467
青海	38	80	1,553
宁夏	12	—	271
新疆	89	32	714

表 7–5 制盐工业企业资产负债情况

单位：万元

产　区	资产总额	流动资产	年末负债	流动负债	资产负债率(%)
全国合计	11,583,916	4,393,049	6,053,671	4,491,666	52.26
辽宁	577,666	200,590	130,548	54,595	22.60
山东	2,356,368	1,183,915	1,522,719	1,390,255	64.62
河北	367,161	181,063	241,359	129,977	65.74
天津	1,714,794	1,060,140	547,328	542,716	31.92
江苏	1,731,685	576,447	1,049,472	474,727	60.60
浙江	5,514	2,729	2,736	2,026	49.62
福建	331,473	78,235	67,006	57,959	20.21
广东	13,451	4,820	13,321	7,234	99.03
广西	113,028	49,488	34,605	22,324	31.00
海南	93,583	17,146	36,370	29,381	39.00
重庆	282,790	90,379	210,138	139,425	74.31
四川	529,280	214,480	309,134	265,081	58.41
云南	293,998	84,105	186,758	130,609	63.52
湖北	281,590	115,179	205,551	169,500	73.00
湖南	187,365	39,930	80,737	67,242	43.09
江西	238,741	74,636	141,785	88,708	59.39
安徽	72,666	28,376	31,948	26,395	43.97
河南	487,679	140,162	353,527	250,865	72.49
内蒙古	765,185	29,264	609,928	420,128	79.71
陕西	77,082	22,364	50,428	26,080	65.42
甘肃	30,302	10,860	26,181	19,270	86.40
青海	96,086	13,096	69,963	48,790	72.81
新疆	75,429	175,645	32,129	28,379	42.60

表 7-6　分品种盐的质量情况（原盐）

产区	代表量（吨）	白度（度）	粒度（mm）	主要化学成分（%）			
				氯化钠	水分	不溶物	可溶性杂质
全国合计	50,084,935	85.63	95.24	97.09	1.58	0.12	0.60
辽宁	724,158	89.65	95.22	95.28	3.67	0.13	1.18
山东	23,088,667	92.33	87.00	95.80	2.26	0.17	0.81
河北	3,074,300	73.13	85.00	96.10	2.60	0.16	0.74
天津	1,611,428	82.00	92.00	95.92	3.19	0.17	0.50
江苏	1,293,723	80.00	95.75	97.50	1.26	0.03	0.48
浙江	99,464	63.42	88.83	92.76	5.43	0.06	1.60
福建	200,973	59.80	81.00	92.17	5.52	0.15	2.03
广东	50,500	56.00	96.32	92.01	6.02	0.16	1.81
广西	1,500	52.00	77.00	88.71	8.42	0.17	2.66
海南	33,651	51.00	65.00	92.59	5.61	0.05	1.46
重庆	489,174	84.24	96.00	99.58	0.06	0.02	0.14
四川	2,790,325	83.88	93.00	99.48	0.10	0.01	0.25
云南	1,120,576	81.38	94.63	99.52	0.03	0.08	0.05
湖北	4,606,502	85.23	98.00	99.28	0.03	0.01	0.42
湖南	2,798,242	83.42	94.06	99.48	0.05	0.02	0.06
江西	3,539,137	82.82	93.64	99.47	0.05	0.01	0.09
安徽	1,255,324	85.00	97.00	99.26	0.04	0.01	0.42
河南	76,748	85.36	90.00	97.13	0.55	0.03	0.18
内蒙古	295,731	57.20	84.41	95.12	3.62	0.19	0.65
陕西	182,000	72.40	95.50	97.01	1.89	0.33	1.36
甘肃	181,000	87.92	91.68	98.20	0.58	0.03	0.71
青海	197,800	83.00	87.00	96.70	2.18	0.35	0.60
新疆	336,200	85.00	89.00	95.69	2.47	0.20	1.43

表 7-7   年末生产企业库存

产区	原盐（万吨）	各类加碘盐（万吨）	氯化钾（吨）	工业溴（吨）	无水硫酸钠（吨）
全国合计	2,437.27	41.49	3,479	3,998	51,085
辽宁	68.74	2.07	766	361	9,334
山东	1,069.46	2.73	135	1,974	0
河北	177.53	1.60	0	27	—
天津	67.52	0.03	2,578	1,636	0
江苏	206.18	5.48	0	0	18,380
浙江	5.35	0.56	—	—	—
福建	21.25	1.23	—	—	—
广东	2.61	0.25	—	—	—
广西	0.55	1.36	—	—	—
海南	0.03	0.12	—	—	—
重庆	8.92	2.38	—	—	—
四川	17.46	3.20	—	—	—
云南	0.50	2.33	—	—	—
湖北	6.93	0.75	0	0	4,594
湖南	3.69	0.51	—	—	3,881
江西	6.42	2.03	0	0	10,185
安徽	0.62	0.53	0	0	158
河南	27.30	2.14	0	0	0
内蒙古	104.52	5.07	0	0	0
陕西	26.23	6.15	—	—	—
甘肃	0.08	1.34	0	0	1,000
青海	243.28	0.56	0	0	0
新疆	372.10	3.00	0	0	3,553

表 7-8　真空制盐能耗情况

产区	真空盐代表产量（万吨）	购入能源总量（折标准煤，吨）	实际能源总量（折标准煤，吨）	真空制盐单耗（折标准煤，公斤/吨）	卤耗（标方/吨盐）
全国合计	3,660.94	7,820,512	7,963,359	122.43	10.89
山东	72.26	78,410	77,508	107.26	10.69
江苏	899.10	4,442,214	4,437,109	123.91	10.32
重庆	295.82	345,445	345,945	134.22	10.89
四川	293.54	475,795	486,616	133.06	10.55
云南	125.28	217,645	208,272	106.00	10.57
湖北	623.57	691,678	855,036	175.78	13.54
湖南	279.83	364,701	366,623	117.00	10.54
江西	369.61	436,723	431,930	116.37	11.19
安徽	152.24	165,952	166,216	102.10	10.23
河南	403.97	471,139	455,349	114.42	10.67
陕西	130.57	95,252	99,089	89.42	10.29
甘肃	15.15	35,558	33,666	154.23	12.56

表 7-9　井矿盐制盐装置情况

单位：套

产区	装置合计	单套 100 万吨	单套 60 万吨	单套 30 万吨	单套 20 万吨	单套 15 万吨	单套 10 万吨以下
合计	102	9	35	23	10	3	22
山东	5	—	2	1	1	—	1
江苏	22	2	2	3	2	1	12
重庆	4	1	2	1	—	—	—
四川	17	—	7	2	1	—	7
云南	6	1	—	2	1	—	2

续表

产区	装置合计	单套100万吨	单套60万吨	单套30万吨	单套20万吨	单套15万吨	单套10万吨以下
湖北	21	—	7	8	4	2	—
湖南	5	2	2	1	—	—	—
江西	7	1	3	3	—	—	—
安徽	4	—	2	1	1	—	—
河南	8	1	7	—	—	—	—
陕西	1	—	1	—	—	—	—
宁夏	1	1	—	—	—	—	—
甘肃	1	—	—	1	—	—	—

表 7-10 盐的购销存

单位：万吨

地区	购进数量		销售数量		库存	
	合计	其中：食盐	合计	其中：食盐	合计	其中：食盐
全国合计	1,463.97	1,031.85	1,483.76	1,035.72	227.88	173.12
北京	20.96	16.12	21.01	15.97	5.46	2.17
天津	18.33	13.63	20.56	15.46	0.45	0.38
河北	51.75	34.60	53.23	35.81	10.70	8.25
山西	27.59	12.81	29.87	13.46	6.58	3.20
内蒙古	31.23	16.30	32.46	17.00	5.92	3.96
辽宁	63.27	29.60	62.05	27.48	8.39	7.05
吉林	16.10	13.38	17.34	14.50	5.51	5.37
黑龙江	19.69	16.62	19.74	16.83	7.15	5.84
上海	25.18	21.27	31.71	28.09	6.39	4.78
江苏	104.82	67.17	107.05	68.46	15.53	11.47

续表

地区	购进数量		销售数量		库存	
	合计	其中：食盐	合计	其中：食盐	合计	其中：食盐
浙江	97.54	70.54	96.61	68.76	19.10	14.83
安徽	41.55	37.31	41.35	37.08	0.90	0.80
福建	54.24	51.84	54.57	52.17	7.54	7.32
江西	24.06	20.16	24.87	20.82	3.96	3.45
山东	168.14	95.30	166.26	92.98	18.53	7.98
河南	82.25	66.30	76.40	60.49	10.87	8.15
湖北	40.29	34.48	41.29	35.22	6.29	5.77
湖南	51.97	41.58	51.94	40.08	8.25	7.01
广东	136.71	116.14	136.28	116.00	18.89	16.38
广西	27.88	25.22	29.14	26.31	6.51	5.95
海南	6.35	4.79	6.23	4.99	0.95	0.71
重庆	32.51	30.68	34.14	32.16	4.50	4.50
四川	88.24	78.64	94.24	81.58	11.86	11.86
贵州	22.30	20.03	21.91	19.21	5.96	5.07
云南	109.97	40.63	111.85	39.66	14.22	8.60
陕西	27.25	21.53	27.46	21.69	7.02	5.33
甘肃	23.43	15.39	22.75	14.59	6.48	4.82
青海	6.28	3.63	6.82	2.31	0.38	0.25
宁夏	5.82	3.58	5.95	3.70	1.65	0.90
新疆	38.27	12.58	38.68	12.86	1.94	0.97

表 7-11　省会及省内大中城市（销区）食盐销售及库存

城市名称		销售食盐（万吨）	库存（万吨）	其中：小包装食盐库存（万吨）	供应人口（万人）
北京		15.97	5.46	0.90	2,151.60
天津		15.46	0.38	0.25	1,472.21
河北	石家庄	1.22	0.20	0.16	217.00
	唐山	0.41	0.24	0.18	—
	衡水	0.24	0.04	0.03	40.00
	保定	0.69	0.24	0.24	100.00
	秦皇岛	0.30	0.05	0.04	55.00
	张家口	0.27	0.07	0.05	—
	邢台	0.39	0.27	0.15	69.00
	沧州	0.18	0.01	0.01	38.00
山西	太原	1.98	2.31	1.38	445.66
	大同	0.92	0.61	0.51	333.99
	阳泉	0.67	0.22	0.16	175.04
	临汾	1.58	0.93	0.40	495.96
	长治	1.32	0.43	0.20	335.00
	晋城	0.79	0.54	0.21	229.37
	忻州	1.11	0.60	0.41	308.84
	晋中	1.46	0.16	0.06	288.72
内蒙古自治区	呼和浩特	2.57	0.32	0.27	286.66
	包头	2.37	0.30	0.22	265.04
	赤峰	2.76	0.59	0.43	434.12
	通辽	2.31	0.86	0.50	313.92

续表

	城市名称	销售食盐（万吨）	库存（万吨）	其中：小包装食盐库存（万吨）	供应人口（万人）
辽宁	沈阳	5.11	1.00	0.42	720.00
	大连	4.44	0.32	0.14	600.00
	鞍山	0.77	0.18	0.15	145.00
	抚顺	0.81	0.13	0.04	160.00
	本溪	0.72	0.19	0.07	100.00
	丹东	0.52	0.13	0.09	76.00
	锦州	1.29	0.28	0.15	310.00
	营口	0.25	—	—	40.00
	阜新	0.94	0.27	0.27	86.00
	铁岭	0.50	1.00	0.10	—
	昌图	0.46	0.05	0.04	60.00
	盘锦	0.44	0.10	0.05	82.00
	葫芦岛	0.51	0.10	0.07	105.00
吉林	长春	2.26	0.99	0.81	363.82
	四平	0.63	0.19	0.15	58.94
	公主岭	0.52	0.27	0.19	106.94
	梅河口	0.21	0.14	0.10	60.52
黑龙江	哈尔滨	2.37	0.61	0.43	994.00
	齐齐哈尔	2.11	0.53	0.36	420.00
	牡丹江	0.42	0.15	0.06	78.00
	佳木斯	0.42	0.25	0.10	82.00
	大庆	0.81	0.59	0.22	141.00
	绥化	0.31	0.44	0.30	49.00
	鸡西	0.30	0.16	0.60	100.00

续表

城市名称		销售食盐（万吨）	库存（万吨）	其中：小包装食盐库存（万吨）	供应人口（万人）
黑龙江	鹤岗	0.29	0.08	0.04	62.00
	上海	28.09	4.78	2.17	2,415.00
江苏	南京	6.82	1.15	0.87	819.00
	苏州	10.35	2.41	1.39	1,058.00
	无锡	5.27	0.84	0.66	648.00
	常州	3.97	0.86	0.45	469.00
	南通	7.93	1.31	0.43	730.00
	镇江	2.62	0.19	0.10	317.00
	扬州	6.51	0.58	0.37	447.00
	泰州	3.42	0.91	0.45	463.00
	徐州	6.58	0.52	0.23	859.00
	盐城	7.00	1.30	0.35	722.00
	宿迁	2.34	0.49	0.37	482.00
	淮安	3.71	0.36	0.25	483.00
	连云港	1.93	0.14	0.07	443.00
浙江	杭州	2.65	0.47	0.41	707.00
	宁波	0.74	0.79	0.47	580.00
	温州	1.66	0.24	0.14	807.00
	绍兴	1.53	0.18	0.12	442.00
	舟山	0.27	0.06	0.02	97.00
安徽	合肥	2.89	0.34	0.24	285.42
	蚌埠	0.96	0.07	0.05	103.57
	六安	1.16	0.16	0.10	188.63
	黄山	0.85	0.06	0.05	43.98

续表

城市名称		销售食盐（万吨）	库存（万吨）	其中：小包装食盐库存（万吨）	供应人口（万人）
福建	福州	11.82	1.21	0.95	711.54
	泉州	10.91	0.96	0.65	812.85
	厦门	4.18	0.31	0.22	353.13
江西	南昌	4.82	0.73	0.22	550.00
	上饶	1.23	0.34	0.21	351.00
	吉安	1.95	0.36	0.18	453.00
山东	济南	5.21	0.60	0.30	294.00
	青岛	1.01	0.02	0.01	104.30
	烟台	1.72	0.16	0.02	68.30
	威海	0.95	0.08	0.02	65.50
	潍坊	1.28	0.11	0.04	36.60
	高密	0.82	0.22	0.01	87.40
	菏泽	1.49	0.07	0.03	152.20
	泰安	1.37	0.20	0.10	62.20
	淄博	0.95	0.21	0.03	64.80
	临沂	2.39	0.21	0.04	112.00
	曲阜	0.51	0.06	0.01	64.00
河南	郑州	11.30	0.11	0.03	781.00
	开封	0.96	0.19	0.15	156.00
	洛阳	1.15	0.25	0.14	692.00
	平顶山	1.18	0.07	0.06	538.00
	许昌	0.83	0.28	0.11	485.00
	漯河	1.03	0.13	0.02	276.00
	信阳	0.71	0.17	0.09	860.00

133

续表

城市名称		销售食盐（万吨）	库存（万吨）	其中：小包装食盐库存（万吨）	供应人口（万人）
河南	周口	0.76	0.08	0.01	1,131.00
	驻马店	0.82	0.18	0.02	896.00
湖北	武汉	6.08	0.70	0.30	684.23
	荆州	1.39	0.05	0.03	121.71
	汉川	0.74	0.08	0.03	102.46
	应城	0.44	0.02	0.01	59.71
	襄阳	1.25	0.12	0.08	228.98
	枣阳	0.46	0.08	0.07	98.68
	十堰	0.43	0.03	0.03	79.11
	鄂州	0.51	0.05	0.03	105.70
湖南	长沙	8.44	0.99	0.40	714.66
	湘潭	1.49	0.28	0.18	278.10
	岳阳	7.54	1.52	0.45	552.31
	常德	3.70	0.59	0.42	550.82
	衡阳	2.62	0.18	0.15	719.83
广东	广州	12.58	3.50	0.71	1,308.05
	汕头	2.04	0.44	0.05	552.37
	佛山	31.36	2.79	0.30	735.06
	湛江	3.32	0.78	0.14	721.24
	中山	9.69	0.88	0.22	319.27
	阳江	3.72	0.54	0.04	249.95
	深圳	5.45	1.25	0.42	1,077.89
	东莞	6.61	1.51	0.53	834.31

续表

城市名称		销售食盐 （万吨）	库存 （万吨）	其中：小包装食 盐库存（万吨）	供应人口 （万人）
广西 壮族 自治区	南宁	5.56	1.03	0.04	686.84
	崇左	1.53	0.51	0.15	234.77
	柳州	2.43	0.50	0.02	355.45
	来宾	1.06	0.09	0.02	247.79
	桂林	2.98	0.50	0.03	498.86
	梧州	0.92	0.22	0.02	326.51
	贺州	0.63	0.30	0.03	223.47
	玉林	2.87	0.54	0.04	671.23
	贵港	1.70	0.50	0.13	506.17
	河池	1.21	0.40	0.09	372.51
	百色	1.69	0.48	0.15	409.30
	钦州	1.28	0.20	0.02	291.98
	北海	1.71	0.23	0.03	242.09
	防城港	0.99	0.47	0.01	92.81
海南	海口	5.32	0.62	0.15	803.54
	三亚	4.65	0.33	0.13	305.56
重庆		32.16	4.50	4.50	2,970.00
四川	成都	34.85	5.41	1.22	1,404.80
	自贡	7.91	0.35	0.12	1,004.70
	乐山	13.71	1.29	0.44	769.40
	广安	1.81	0.16	0.10	320.50
	宜宾	5.17	1.01	0.80	869.00
贵州	贵阳	3.54	0.86	0.52	452.19
	遵义	4.31	0.73	0.57	614.25

城市名称		销售食盐（万吨）	库存（万吨）	其中：小包装食盐库存（万吨）	供应人口（万人）
云南	昆明	6.64	0.25	0.19	660.00
	大理	3.94	0.67	0.52	70.00
陕西	西安	4.09	1.13	0.82	448.00
	安康	0.28	0.46	0.46	51.06
	宝鸡	0.62	0.32	0.28	143.80
	汉中	0.38	0.05	0.04	52.00
	渭南	0.44	0.13	0.10	91.00
	商洛	0.14	0.09	0.09	53.40
	铜川	0.21	0.05	0.03	48.50
	咸阳	1.14	0.13	0.07	100.00
甘肃	兰州	3.13	0.21	0.13	361.00
	天水	1.48	0.10	0.07	326.00
	凉州	2.49	0.28	0.14	181.00
青海	西宁	1.39	0.20	0.19	190.00
	格尔木	0.10	0.04	0.04	20.00
宁夏回族自治区	银川	1.59	0.61	0.13	212.89
	石嘴山	0.18	0.14	0.02	77.27
	吴忠	0.23	0.12	0.03	135.29
	中卫	0.44	0.23	0.08	113.35
	固原	0.29	0.08	0.03	122.74
新疆维吾尔自治区	乌鲁木齐	1.57	0.13	0.13	241.19
	石河子	0.51	0.08	0.08	63.52
	库尔勒	0.30	0.01	0.01	51.37
	阿克苏	0.22	0.02	0.02	47.64
	哈密	0.18	0.01	0.01	45.89

表 7-12 2013~2015 年食盐定点生产企业名单

序号	省（市、自治区）	定点生产企业名称	定点证书编号
1	天津	天津长芦汉沽盐场有限责任公司	SD-001
2		中盐制盐工程技术研究院	SD-002
3	河北	河北永大食盐有限公司	SD-003
4		唐山兴海制盐有限公司	SD-007
5		唐山达峰盐业有限责任公司	SD-019
6		唐山市唐丰盐业有限责任公司	SD-027
7		唐山市丰南区第一盐场	SD-081
8		唐山市南堡开发区冀盐食盐有限公司	SD-082
9		中盐长芦沧州盐化集团有限公司	SD-098
10		中盐长芦沧州盐化集团银山食盐有限公司	SD-099
11		乐亭县大清河浩海制盐有限公司	SD-102
12	内蒙古	内蒙古兰太实业股份有限公司	SD-004
13		鄂托克前旗兴盛盐化有限责任公司	SD-005
14		内蒙古雅布赖盐化集团有限公司	SD-006
15		锡林郭勒盟额吉淖尔盐场	SD-008
16	辽宁	营口盐业有限责任公司	SD-010
17		大连盐化集团有限公司	SD-011
18		瓦房店五岛粉洗盐厂	SD-012
19	江苏	江苏省瑞丰盐业有限公司	SD-013
20		江苏省井神盐化股份有限公司	SD-015
21		中盐金坛盐化有限责任公司	SD-016
22		江苏金桥盐化集团古淮制盐有限公司	SD-017
23		江苏省银宝盐业有限公司	SD-018

续表

序号	省（市、自治区）	定点生产企业名称	定点证书编号
24	浙江	浙江省盐业集团台州市盐业配送有限公司	SD–020
25		浙江省宁波晶泰盐业发展有限公司	SD–021
26		浙江绿海制盐有限责任公司	SD–022
27		浙江省盐业集团普陀盐业有限公司	SD–023
28	安徽	中盐东兴盐化股份有限公司	SD–024
29	福建	中盐福建盐业有限公司	SD–025
30		福建省泉州晶海轻化有限公司	SD–026
31		福建省莆田市晶秀轻化有限公司	SD–028
32		福建省晶浦轻化有限公司	SD–029
33	江西	江西晶昊盐化有限公司	SD–030
34		江西富达盐化有限公司	SD–031
35		中盐新干盐化有限公司	SD–032
36		江西九二盐业有限责任公司	SD–033
37	山东	山东肥城精制盐厂	SD–034
38		山东岱岳制盐有限公司	SD–035
39		山东省广饶明华盐化有限责任公司	SD–036
40		山东昌邑盐化精盐厂	SD–037
41		山东寒亭第一盐场	SD–038
42		山东无棣精盐厂	SD–039
43		山东菜央子盐场	SD–040
44		威海市高岛制盐有限公司	SD–041
45	河南	中盐皓龙盐化有限责任公司	SD–042
46		河南省平顶山神鹰盐业有限责任公司	SD–043
47		中盐舞阳盐化有限公司	SD–044

续表

序号	省（市、自治区）	定点生产企业名称	定点证书编号
48	湖北	中盐枣阳盐化有限公司	SD–045
49		久大（应城）盐矿有限责任公司	SD–046
50		中盐长江盐化有限公司	SD–047
51		湖北长舟盐化有限公司	SD–048
52		湖北蓝天盐化有限公司	SD–049
53		孝感广盐华源制盐有限公司	SD–050
54		久大（应城）制盐有限责任公司	SD–051
55		中盐宏博（集团）有限公司	SD–052
56		中国石化江汉油田分公司盐化工总厂	SD–053
57	湖南	湖南省湘澧盐化有限责任公司	SD–054
58		湖南省湘衡盐化有限责任公司	SD–055
59	广东	广东省盐业集团江门有限公司	SD–056
60		广东省盐业集团阳江有限公司	SD–057
61		广东省盐业集团雷州盐场有限公司	SD–058
62		广东省盐业集团徐闻盐场有限公司	SD–059
63		广东省盐业集团广州有限公司	SD–060
64		广东省盐业集团深圳有限公司	SD–061
65		广东省盐业集团汕头有限公司	SD–062
66	广西	中盐广西盐业有限公司防城碘盐厂	SD–063
67		中盐广西盐业有限公司北海碘盐中心	SD–064
68	海南	海南晶辉盐业有限公司	SD–065
69		海南省莺歌海盐场	SD–066
70		海南省东方盐场	SD–067

续表

序号	省（市、自治区）	定点生产企业名称	定点证书编号
71	重庆	重庆索特盐化股份有限公司	SD–068
72		重庆合川盐化工业有限公司	SD–069
73	四川	四川省盐业总公司	SD–070
74		四川久大制盐有限责任公司	SD–071
75		四川乐山联峰盐化有限责任公司	SD–072
76		四川驰宇盐化有限责任公司	SD–073
77		四川久大蓬莱盐化有限公司	SD–074
78		四川省天渠盐化有限公司	SD–077
79		四川省广安盐化工有限责任公司	SD–078
80		宜宾丰源盐化有限公司	SD–079
81	云南	云南盐化股份有限公司	SD–080
82	陕西	延长石油定边盐化工有限公司	SD–083
83		中盐榆林盐化有限公司	SD–084
84	甘肃	中盐甘肃武阳盐化有限公司	SD–085
85		中盐甘肃高台盐化有限公司	SD–086
86	青海	青海省盐业股份有限公司柯柯制盐分公司	SD–087
87		格尔木盐化（集团）有限责任公司	SD–088
88		青海省盐业股份有限公司茶卡制盐分公司	SD–089
89	新疆	和布克赛尔蒙古自治县宏达盐业有限责任公司	SD–090
90		哈密盐业有限责任公司	SD–091
91		吐鲁番联达制盐有限公司	SD–092
92		新疆盐湖制盐有限责任公司	SD–093
93		精河县精河盐化有限责任公司	SD–094
94		温宿县银峰盐业有限责任公司	SD–095

序号	省（市、自治区）	定点生产企业名称	定点证书编号
95		新疆盐业阿图什有限责任公司	SD–096
96	新疆	轮台县银海盐业有限责任公司	SD–097
97		巴州保健盐厂	SD–100
98	西藏	西藏自治区盐业总公司拉萨食盐加碘厂	SD–101

表 7–13　2013~2015 年多品种盐生产企业名单

序号	省（市）	多品种盐生产企业名称	定点证书编号
1	北京	中盐北京市盐业公司	DZ–017
2	天津	中盐国本盐业有限公司	DZ–001
3		天津长芦海晶集团有限公司	DZ–018
4	山西	山西晋久品种盐有限责任公司	DZ–002
5	辽宁	中盐沈阳（瓦房店）五岛盐业有限公司	DZ–003
6		大连新春多品种盐有限公司	DZ–016
7	吉林	中盐吉林盐业有限公司	DZ–004
8	上海	上海味好美食品有限公司	DZ–005
9		上海中盐莫顿盐业有限公司	DZ–006
10		浙江临安三和园竹盐食品有限公司	DZ–007
11	浙江	浙江蓝海星盐制品有限公司	DZ–008
12		浙江颂康制盐科技有限公司	DZ–019
13	江西	江西省强本科技发展有限公司	DZ–009
14	河南	河南省卫群多品种盐有限公司	DZ–010
15	湖北	湖北久大品种盐有限责任公司	DZ–011
16	湖南	湖南省雪天盐业技术开发有限公司	DZ–012

续表

序号	省（市）	多品种盐生产企业名称	定点证书编号
17	广东	广东省盐业集团多品种盐有限公司	DZ-013
18		广东省盐业集团梅州有限公司	DZ-014
19	四川	四川久大品种盐有限责任公司	DZ-015

表 7-14　新增食盐定点生产企业名单

序号	省（市、自治区）	定点生产企业名单	定点证书编号
1	安徽	中盐安徽润华盐业发展有限公司	DZ-020
2	山东	山东省盐业集团东方制盐有限公司	DZ-021
3	河南	中盐河南盐业物流配送有限公司	DZ-022
4	广西	广西银鹏多品种盐公司	DZ-023
5	重庆	云阳盐化有限公司	SD-075

后 记

《中国盐业发展报告 2015》（以下简称《报告》）在各方的大力关怀与帮助下，编写组全体成员深入调查研究、努力探索挖掘，达成了一致性的学术观点和共识。

在总结、积累以前年度编写经验的基础上，《报告》更加注重研究性、学术性和系列化，力争成为盐行业指导投资，引领经营、发展、服务消费的重要参考。《报告》中的部分数据为首次公开，对全面了解盐行业具有重要的作用。

《报告》的撰写仍采用首先确定纲目，然后按照纲目分工编写，集中讨论修改，最后进行汇总编纂的方式进行。因《报告》涉及数据较多，为了理清思路、便于阅读，正文中除必需的数据、图表外，其余的相关统计数据均列表附后，以便查证。

《报告》回顾了 2014 年度盐业的基本情况，对未来年度盐业的发展进行了分析判断与预测展望。《报告》的撰写过程正值盐业体制改革的关键时期，为了让广大读者更多地了解盐行业改革进程的全貌,《报告》吸收了不同机构对盐业体制改革的各类探索性观点。

《报告》的撰写人员有（按姓氏拼音首字母为序）：陈荣、杜丽华、董永胜、段晓莉、范志、傅志伟、郭永新、刘苗夫、李双双、刘丁兰、马真、穆家良、孙万铭、王菁、王永华、谢白雨、杨贵志、晏仲华、姚志强、赵梅、周鹏程、张德安。其中，井矿盐部分主要由杨贵志撰写，湖盐部分主要由姚志强撰写，市场部分主要由周鹏程撰写，两碱化工部分主要由孙万铭撰写，热点地区部分主要由晏仲华、穆家良、王菁、傅志伟撰写，其余部分由杜丽华撰写。图表和数据由刘丁兰、赵梅、段晓莉、王永华、李双双、杜丽华、杨贵志、周鹏程完成。

《报告》在编写过程中，得到了各界的高度关注和各级领导、专家、学者的关怀与指导，也得到了行业内各级管理单位与企业的鼎力相助与支持。国家统计局、中国轻工业信息中心、经济管理出版社给予了热情关心与帮助，在此一并表示真诚的谢意。

由于水平有限，对行业发展趋势的研判和预测难免有偏颇之处，存在的不足之处敬请指正。

我们相信在各界的关注、各级领导的关心和行业内各单位的大力支持下，《中国盐业发展报告》会越办越好。

《中国盐业发展报告》编写组

2015 年 12 月